# ÉDITORIAL

**MAI 2025**

# « Laudato si', mi' Signore »

Le 24 mai, nous fêterons les dix ans de *Laudato si'*. Rares sont les encycliques que l'on cite encore des années après leur sortie. Il est vrai que le pape François n'a pas ménagé ses efforts pour nous inviter à entrer dans une démarche de conversion écologique. Un appel largement entendu si l'on en croit le nombre d'initiatives lancées à travers le monde qui se réfèrent explicitement à l'encyclique. Il faut s'en réjouir car c'est du devenir de notre maison commune et de ses habitants, notamment des plus vulnérables, dont il est question. Pourtant, la réception de *Laudato si'* est loin d'être achevée. Il y a encore ceux qui résistent. Mais plus profondément, les pratiques de la vie de l'Église n'ont guère évolué pour intégrer le souci écologique. C'est le cas de la célébration de l'eucharistie qui est pourtant une puissante invitation « à être les gardiens de toute la Création ». L'eucharistie unit le ciel et la terre, elle embrasse et pénètre toute la Création. Tant de mots de la liturgie l'expriment. Et si nous y prêtions davantage attention pour avancer dans notre chemin de conversion ? ■

*« La réception de Laudato si' est loin d'être achevée. »*

MUTUELLE SAINT-CHRISTOPHE ASSURANCES

# L'assurance au cœur fraternel

**Depuis plus de 60 ans, la Mutuelle Saint-Christophe assurances est un assureur chrétien, ouvert à tous ceux qui partagent ses valeurs.**

Les catholiques ont, de tout temps, utilisé le principe de mutuelle pour doter les corporations d'un système d'entraide. C'est dans cet esprit évangélique que, au siècle dernier, deux prêtres ont créé une association pour permettre au clergé d'acquérir et assurer des voitures afin de faciliter les déplacements et la diffusion de la Parole.

Devenue la Mutuelle Saint-Christophe assurances, elle est l'assureur privilégié des diocèses, des instituts religieux, des établissements scolaires catholiques, des pèlerins français lors des Journées mondiales de la jeunesse, et de tous les particuliers qui font le choix d'un assureur engagé au nom des valeurs de la foi chrétienne. Portée par son modèle mutualiste, la Mutuelle défend le concept d'assurances au « prix raisonnable » : seuls les frais nécessaires pour couvrir les risques, gérer les contrats et garantir la pérennité du modèle mutualiste sont compris dans les cotisations de ses assurés.

Mais là n'est pas son seul engagement. Partenaire historique de l'Église, la Mutuelle consacre chaque année une part de ses bénéfices à des actions caritatives. Ainsi en 2025, au travers d'un don de 50 000 € à l'Ordre de Malte France, elle contribue à l'ouverture d'un centre d'accueil pour secourir, soigner et accompagner les plus démunis à Toulon. « Nous sommes fiers d'accompagner l'Ordre de Malte France dans cette mission », souligne Mgr Antoine Hérouard, archevêque de Dijon et président du conseil d'administration de la Mutuelle. « Fondée sur des valeurs de solidarité et de fraternité, la Mutuelle Saint-Christophe s'est toujours engagée au-delà de sa mission d'assureur. »

**Mgr Antoine Hérouard, archevêque de Dijon et président de la Mutuelle Saint-Christophe assurances.**

D.R.

**Pour plus de renseignements sur la Mutuelle Saint-Christophe et ses offres d'assurance (santé, auto, habitation), nos équipes sont à votre écoute :**
**01 85 53 48 38 – service.src.commercial@msc-assurance.fr**
**277 rue Saint-Jacques 75256 Paris CEDEX 05 – www.saint-christophe-assurances.fr**

*Annonce*

## Prier avec le Saint-Père

### Intention universelle du mois de mai 2025

Prions pour que le travail permette
à chacun de s'épanouir,
aux familles de vivre dans la dignité
et à la société de devenir plus humaine.

Pour vous aider à prier :
**www.prieraucoeurdumonde.net**

# SAINTS ET SAINTES DU MOIS DE MAI 2025

**Xavier Lecœur**, journaliste et historien

*Chaque jour, l'Église fête plusieurs saints et bienheureux : ceux du calendrier romain, ceux des calendriers diocésains et ceux du calendrier des Églises orientales.*
*Tous les mois,* Prions en Église *vous propose d'en découvrir quelques-uns.*

**1er mai**
**St Joseph travailleur**
(Ier siècle)
C'est en 1955 que le père nourricier de Jésus, charpentier à Nazareth, a été proclamé saint patron de tous les travailleurs.

**2 mai**
**St Valbert**
(VIIe siècle)
Troisième abbé du monastère de Luxeuil (70). Il y introduisit la règle de saint Benoît, moins rigide que celle de saint Colomban.

**3 mai**
**St Stanislas Kazimierczyk**
(1433-1489)
Prêtre de Cracovie (Pologne). Il se dédia à la diffusion du culte eucharistique et au soin des nécessiteux. Canonisé en 2010.

**4 mai**
**Ste Marie-Léonie Paradis**
(1840-1912)
Le 20 octobre 2024, cette Québécoise a été canonisée à Rome. Fondatrice de la congrégation des Petites Sœurs de la Sainte-Famille pour assister les prêtres dans leur ministère.

**5 mai**
**St Nunzio Sulprizio**
(1817-1836)
Malgré une vie de souffrances et d'humiliations, ce jeune artisan napolitain conserva sa foi en Dieu et son esprit de charité.

**6 mai**
**St Pétronax**
(670-747)
Abbé bénédictin. Il restaura le célèbre monastère italien du Mont-Cassin (situé entre Rome et Naples), dont il est considéré comme le second fondateur, après saint Benoît.

**7 mai**
**Bse Marie-Louise Trichet**
(1684-1759)
« Je suis fort contente de l'état où Dieu veut

que je sois »,
affirmait cette Poitevine qui, malgré les difficultés, fonda avec le père de Montfort la congrégation des Filles de la Sagesse. Béatifiée en 1993.

**8 mai**
**Bse Marie-Catherine de Saint-Augustin**
(1632-1668)
Entrée à 14 ans chez les Augustines de Bayeux, elle partit pour le Canada deux ans plus tard. À l'Hôtel-Dieu de Québec, elle se voua entièrement aux malades et aux pauvres.

**9 mai**
**Ste Louise de Marillac**
(1591-1660)
Cofondatrice, avec saint Vincent de Paul, de la congrégation des Filles de la Charité, elle est la patronne des œuvres sociales chrétiennes. Auparavant, elle était fêtée le 15 mars.

**10 mai**
**Bx Ivan Merz**
(1896-1928)
Durant sa courte existence, ce laïc croate fut un ardent promoteur du mouvement liturgique et de l'Action catholique dans son pays. Béatifié en 2003.

**11 mai**
**St Maïeul de Cluny**
*(lire page 88)*

**12 mai**
**Bse Jeanne de Portugal**
(1452-1490)
Très courtisée, cette belle princesse portugaise refusa de se marier afin de se consacrer à Dieu : elle entra chez les sœurs dominicaines d'Aveiro où elle mena une vie humble et cachée.

**13 mai**
**Ste Agnès de Poitiers**
(VIe siècle)
Première abbesse de l'abbaye Sainte-Croix de Poitiers, fondée en 552 par sainte Radegonde.

**14 mai**
**Ste Théodore Guérin**
(1798-1856)
« Quelle force l'âme tire de la prière ! », s'émerveillait cette religieuse bretonne que sa congrégation chargea d'ouvrir des écoles en Amérique du Nord.

**15 mai**
**Bx André Abellon**
(1375-1450)
Ce frère prêcheur, prieur du couvent de Saint-Maximin (83), était un grand orateur mais aussi un

peintre de talent. Béatifié en 1902.

**16 mai**
**Bx Vladimir Ghika**
(1873-1954)
Des reliques de ce prince roumain, devenu prêtre du diocèse de Paris et mort en martyr dans une prison de Bucarest, ont été déposées, fin 2024, dans le nouvel autel de Notre-Dame de Paris.

**17 mai**
**Ste Julie Salzano**
(1846-1929)
Il y a quinze ans, en 2010, le pape Benoît XVI canonisait cette Italienne, fondatrice en 1894 de la congrégation des Sœurs Catéchistes du Sacré-Cœur.

**18 mai**
**Bse Blandine Merten**
(1883-1918)
« Celui qui aime Dieu n'a pas besoin d'accomplir des actes exceptionnellement élevés, il lui suffit d'aimer », soulignait cette religieuse ursuline allemande. Béatifiée en 1987.

**19 mai**
**St Yves**
(1253-1303)
Prêtre mais aussi juriste, il défendit les pauvres et les ignorants, ouvrit son manoir aux vieillards et aux enfants abandonnés. Très populaire en Bretagne. Patron des avocats.

**20 mai**
**St Archange Tadini**
(1846-1912)
Marqué par la lecture de l'encyclique *Rerum Novarum* du pape Léon XIII, ce prêtre italien devint un pionnier de l'apostolat ouvrier, en pleine révolution industrielle. Canonisé en 2009.

**21 mai**
**St Christophe Magallanès**
(1869-1927)
L'un des vingt-cinq martyrs du Mexique, canonisés par saint Jean-Paul II en 2000.

**22 mai**
**St Ausone**
(IIIe siècle)
Disciple de saint Martial de Limoges et premier évêque d'Angoulême (16).

**23 mai**
**St Jean-Baptiste de Rossi**
(1698-1764)
Malgré une santé fragile, ce prêtre piémontais, venu à Rome, se dévoua corps et âme pour tous les laissés-pour-compte de la société. Canonisé en 1881.

**24 mai**
**Bx Louis-Zéphirin Moreau**
(1824-1901)
Évêque de Saint-Hyacinthe (Québec) pendant vingt-cinq ans. Il se singularisa par son dynamisme pastoral, sa grande piété et son amour des pauvres.

**25 mai**
**Ste Madeleine-Sophie Barat**
(1779-1865)
Il y a un siècle, en 1925, le pape Pie XI canonisait cette Bourguignonne énergique et tenace, fondatrice de la Société du Sacré-Cœur vouée à l'éducation des jeunes filles.

**26 mai**
**Bx martyrs de la Commune**
(XIXe siècle)
Ces cinq prêtres, fusillés par les communards le 26 mai 1871 lors du massacre de la rue Haxo, ont été béatifiés à Paris en 2023.

**27 mai**
**St Augustin de Cantorbéry**
(vers 534-604)
Choisi par le pape saint Grégoire le Grand pour réévangéliser l'Angleterre, il reçut bon accueil de la part du roi saxon Ethelbert qui se convertit peu après. Premier évêque de Cantorbéry.

**28 mai**
**St Guilhem de Gellone**
(vers 742-812)
Chef militaire réputé, ce duc d'Aquitaine et cousin de Charlemagne se retira dans l'abbaye bénédictine de Gellone (34) qui prit ensuite son nom : Saint-Guilhem-le-Désert.

**29 mai**
**St Paul VI**
(1897-1978)
Le cardinal Montini, élu pape en 1963, poursuivit et mena à bien le concile Vatican II qui avait été initié par son prédécesseur saint Jean XXIII.

**30 mai**
**Ste Jeanne d'Arc**
(1412-1431)
La jeune bergère de Domrémy fut non seulement une héroïne de l'histoire de France, mais surtout une femme d'une grande foi. Patronne secondaire de la France.

**31 mai**
**St Félix de Nicosie**
(1715-1787)
Frère convers capucin, canonisé en 2005. En toutes circonstances, joyeuses ou tristes, ce Sicilien aimait à dire : « Que ce soit pour l'amour de Dieu. »

# Prions avec les textes de la messe

## DU 1ER AU 31 MAI 2025

# *Partagez vos intentions de prière*

...........................................................................................

...........................................................................................

...........................................................................................

...........................................................................................

...........................................................................................

...........................................................................................

...........................................................................................

...........................................................................................

...........................................................................................

Envoyez vos intentions de prière à :
*Prions en Église*, Intentions de prière, 15, boulevard Gabriel Péri, CS 10042, 92245 Malakoff Cedex. **Elles seront portées par les pèlerins qui partiront vivre le jubilé à Rome pendant l'Ascension, du 29 mai au 1er juin.**

# JEUDI 1ER MAI 2025

2E SEMAINE DE PÂQUES COULEUR LITURGIQUE : BLANC

**Temps pascal,** *messe de la férie*
*ou* **saint Joseph, travailleur,** *voir p. 17*



*Antienne d'ouverture*

**Dieu, quand tu sortis en avant de ton peuple,**
**quand tu marchas dans le désert, la terre trembla ;**
**les cieux même fondirent devant la face de Dieu, alléluia.**
(Ps 67, 8-9)

*Prière*

Seigneur Dieu, toi qui as accompli le sacrifice pascal pour le salut du monde, sois favorable aux supplications de ton peuple ; le Christ, notre grand prêtre, intercède en notre faveur : lui qui est semblable à nous, qu'il nous procure la réconciliation ; lui qui est égal à toi, qu'il nous apporte le pardon. Lui qui… ***– Amen.***

## *Lecture*

du livre des Actes des Apôtres (5, 27-33)

*« Nous sommes les témoins de tout cela, avec l'Esprit Saint »*

**En ces jours-là, le commandant du Temple et son escorte, ayant amené les Apôtres, les présentèrent au Conseil suprême, et le grand prêtre les interrogea : « Nous vous avions formellement interdit d'enseigner au nom de celui-là, et voilà que vous remplissez Jérusalem de votre enseignement. Vous voulez donc faire retomber sur nous le sang de cet**

homme ! » En réponse, Pierre et les Apôtres déclarèrent : « Il faut obéir à Dieu plutôt qu'aux hommes. Le Dieu de nos pères a ressuscité Jésus, que vous aviez exécuté en le suspendant au bois du supplice. C'est lui que Dieu, par sa main droite, a élevé, en faisant de lui le Prince et le Sauveur, pour accorder à Israël la conversion et le pardon des péchés. Quant à nous, nous sommes les témoins de tout cela, avec l'Esprit Saint, que Dieu a donné à ceux qui lui obéissent. » Ceux qui les avaient entendus étaient exaspérés et projetaient de les supprimer.
– Parole du Seigneur.

## *Psaume* 33 (34)

℟ ***Un pauvre crie ; le Seigneur entend.***
*OU*
***Alléluia !***

Je bénirai le Seigneur en tout temps,
sa louange sans cesse à mes lèvres.
Goûtez et voyez : le Seigneur est bon !
Heureux qui trouve en lui son refuge ! ℟

Le Seigneur affronte les méchants
pour effacer de la terre leur mémoire.
Le Seigneur entend ceux qui l'appellent :
de toutes leurs angoisses, il les délivre. ℟

Il est proche du cœur brisé,
il sauve l'esprit abattu.
Malheur sur malheur pour le juste,
mais le Seigneur chaque fois le délivre. ℟

### *Acclamation de l'Évangile*

***Alléluia. Alléluia.*** Thomas, parce que tu m'as vu tu crois, dit le Seigneur. Heureux ceux qui croient sans avoir vu. ***Alléluia.***

## *Évangile de Jésus Christ*

selon saint Jean (3, 31-36)

*« Le Père aime le Fils et il a tout remis dans sa main »*

**« Celui qui vient d'en haut est au-dessus de tous. Celui qui est de la terre est terrestre, et il parle de façon terrestre. Celui qui vient du ciel est au-dessus de tous, il témoigne de ce qu'il a vu et entendu, et personne ne reçoit son témoignage. Mais celui qui reçoit son témoignage certifie par là que Dieu est vrai. En effet, celui que Dieu a envoyé dit les paroles de Dieu, car Dieu lui donne l'Esprit sans mesure. Le Père aime le Fils et il a tout remis dans sa main. Celui qui croit au Fils a la vie éternelle ; celui qui refuse de croire le Fils ne verra pas la vie, mais la colère de Dieu demeure sur lui. »**

### *Prière sur les offrandes*

Que nos prières montent vers toi, Seigneur, avec ces offrandes pour le sacrifice ; dans ta bonté, purifie-nous, et nous serons mieux préparés au sacrement de ton amour infini. Par le Christ, notre Seigneur. — ***Amen.***

*Préface du temps pascal, p.227.*

# JEUDI 1ER MAI 2025

### *Antienne de la communion*

Je suis avec vous tous les jours
jusqu'à la fin du monde, alléluia.
(Mt 28, 20)

### *Prière après la communion*

Dieu éternel et tout-puissant, dans la résurrection du Christ, tu nous recrées pour la vie éternelle ; multiplie en nous les fruits du sacrement pascal : répands en nos cœurs la force de cette nourriture qui apporte le salut. Par le Christ, notre Seigneur. — ***Amen.***

## INVITATION

Aujourd'hui particulièrement, je peux prier pour toutes les personnes pour qui le travail n'est pas un lieu d'épanouissement.

## COMMENTAIRE

**Humblement, il s'abaisse** Jean 3, 31-36

**Jean le Baptiste est simplement la voix qui annonce « celui qui vient d'en haut » et dont il affirme par deux fois qu'il est « est au-dessus de tous ». Cette prééminence rend prodigieuse sa prise de chair assumant la condition humaine dans toute sa finitude. Dieu s'abaisse jusqu'à nous et laisse à chacun la liberté entière de l'accueillir ou de le refuser. Humilité de Jean, humilité plus grande encore du Très-Haut ! ■**

***Bénédicte de la Croix****, cistercienne*

# Saint Joseph, travailleur

**Couleur liturgique : blanc**

*En 1955, le pape Pie XII a placé le 1er mai sous le patronage de saint Joseph qui « personnifie auprès de Dieu et de la sainte Église la dignité du travailleur ».*

## Antienne d'ouverture

Heureux qui craint le Seigneur :
et marche selon ses voies.
Tu te nourriras du travail
de tes mains : Heureux es-tu !
À toi, le bonheur ! Alléluia ! (Ps 127, 1-2)

## Prière

Dieu, Créateur de l'univers, tu as donné au genre humain la loi du travail ; en ta bonté, accorde-nous d'accomplir, à l'exemple du bienheureux Joseph et sous sa protection, les tâches que tu nous confies, et de recevoir la récompense que tu promets. Par Jésus… — ***Amen.***

## Prière sur les offrandes

Dieu, source de toute miséricorde, regarde les présents que nous déposons devant toi en faisant mémoire du bienheureux Joseph : dans ta bonté, permets que ces offrandes deviennent le secours de ceux qui te supplient. Par le Christ, notre Seigneur. — ***Amen.***

*Préface de saint Joseph, p. 230.*

## Antienne de la communion

Tout ce que vous dites,
tout ce que vous faites, que ce soit
toujours au nom du Seigneur Jésus,
en offrant par lui votre action
de grâce à Dieu le Père, alléluia.
(cf. Col 3, 17)

## Prière après la communion

Tu nous as rassasiés, Seigneur, des joies du ciel, et nous te supplions encore : fais-nous témoigner, comme le bienheureux Joseph, de la charité que tu as répandue dans nos cœurs ; et nous goûterons pour toujours le fruit de la paix. Par le Christ, notre Seigneur. — ***Amen.***

*Une prière* de saint Paul VI

# Saint Joseph, protecteur des travailleurs

Ô saint Joseph, patron de l'Église,
vous qui, près du Verbe incarné, avez travaillé
chaque jour pour gagner le pain, tirant de lui la force
de vivre et de peiner ; vous qui avez éprouvé l'angoisse
des lendemains, l'amertume de la pauvreté, la précarité
du travail, vous qui faites briller l'exemple de votre personne,
humble devant les hommes, mais très grande devant Dieu,
regardez l'immense famille qui vous est confiée. […]
Protégez les travailleurs dans leur dure existence
quotidienne, les empêchant de tomber
dans le découragement, les révoltes négatives. […]
Et maintenez la paix dans le monde,
qui seule peut garantir le développement des peuples
et le plein épanouissement des espérances humaines. […]
Amen !

# VENDREDI 2 MAI 2025

**2E SEMAINE DE PÂQUES COULEUR LITURGIQUE : BLANC**

**Saint Athanase**

*Patriarche d'Alexandrie (Égypte) au IVe siècle. Malgré cinq exils, il lutta avec constance et courage contre l'arianisme qui niait la divinité du Christ.*



*Antienne d'ouverture*

**Dans son Église, le Seigneur lui a donné la parole ;**
**il l'a rempli de l'esprit de sagesse et d'intelligence,**
**et l'a revêtu de gloire, alléluia.** (cf. Si 15, 5)

*Prière*

Dieu éternel et tout-puissant, tu as appelé le bienheureux évêque Athanase à devenir un défenseur remarquable de la divinité de ton Fils ; alors que nous nous réjouissons de son enseignement et de sa protection, accorde-nous, dans ta bienveillance, de te connaître toujours mieux et de t'aimer davantage. Par Jésus…
***– Amen.***

## Lecture

du livre des Actes des Apôtres (5, 34-42)

*« Ils repartaient tout joyeux d'avoir été jugés dignes de subir des humiliations pour le nom de Jésus »*

**En ces jours-là, comme les Apôtres étaient en train de comparaître devant le Conseil suprême, intervint un pharisien nommé Gamaliel, docteur de la Loi, qui était honoré par tout le peuple. Il ordonna de les faire sortir un instant, puis il dit : « Vous, Israélites, prenez garde à ce**

que vous allez faire à ces gens-là. Il y a un certain temps, se leva Theudas qui prétendait être quelqu'un, et à qui se rallièrent quatre cents hommes environ ; il a été supprimé, et tous ses partisans ont été mis en déroute et réduits à rien. Après lui, à l'époque du recensement, se leva Judas le Galiléen qui a entraîné beaucoup de monde derrière lui. Il a péri lui aussi, et tous ses partisans ont été dispersés. Eh bien, dans la circonstance présente, je vous le dis : ne vous occupez plus de ces gens-là, laissez-les. En effet, si leur résolution ou leur entreprise vient des hommes, elle tombera. Mais si elle vient de Dieu, vous ne pourrez pas les faire tomber. Ne risquez donc pas de vous trouver en guerre contre Dieu. » Les membres du Conseil se laissèrent convaincre ; ils rappelèrent alors les Apôtres et, après les avoir fait fouetter, ils leur interdirent de parler au nom de Jésus, puis ils les relâchèrent. Quant à eux, quittant le Conseil suprême, ils repartaient tout joyeux d'avoir été jugés dignes de subir des humiliations pour le nom de Jésus. Tous les jours, au Temple et dans leurs maisons, sans cesse, ils enseignaient et annonçaient la Bonne Nouvelle : le Christ, c'est Jésus.

– Parole du Seigneur.

## *Psaume* 26 (27)

℟ ***J'ai demandé une chose au Seigneur : habiter sa maison.***
*OU* ***Alléluia !***

Le Seigneur est ma lumière et mon salut ;
de qui aurais-je crainte ?

Le Seigneur est le rempart de ma vie ;
devant qui tremblerais-je ? ℟

J'ai demandé une chose au Seigneur,
la seule que je cherche :
habiter la maison du Seigneur
tous les jours de ma vie,
pour admirer le Seigneur dans sa beauté
et m'attacher à son temple. ℟

J'en suis sûr, je verrai les bontés du Seigneur
sur la terre des vivants.
« Espère le Seigneur,
sois fort et prends courage ;
espère le Seigneur. » ℟

### Acclamation de l'Évangile

***Alléluia. Alléluia.*** L'homme ne vit pas seulement de pain, mais de toute parole qui sort de la bouche de Dieu. ***Alléluia.***

## Évangile de Jésus Christ

selon saint Jean (6, 1-15)

*« Il en distribua aux convives, autant qu'ils en voulaient »*

En ce temps-là, Jésus passa de l'autre côté de la mer de Galilée, le lac de Tibériade. Une grande foule le suivait, parce qu'elle avait vu les signes qu'il accomplissait sur les malades. Jésus gravit la montagne, et là, il était assis avec ses disciples. Or, la Pâque, la fête des Juifs, était proche. Jésus leva les yeux et vit qu'une foule nombreuse venait à lui. Il dit à Philippe : « Où pourrions-nous acheter du pain pour qu'ils aient à manger ? » Il disait cela pour le mettre à l'épreuve, car il savait bien, lui, ce qu'il allait faire. Philippe lui répondit : « Le salaire de deux cents journées ne suffirait pas pour que chacun reçoive un peu de pain. » Un de ses disciples, André, le frère de Simon-Pierre, lui dit : « Il y a là un jeune garçon qui a cinq pains d'orge et deux poissons, mais qu'est-ce que cela pour tant de monde ! » Jésus dit : « Faites asseoir les gens. » Il y avait beaucoup d'herbe à cet endroit. Ils s'assirent donc, au nombre d'environ cinq mille hommes. Alors Jésus prit les pains et, après avoir rendu grâce, il les distribua aux convives ; il leur donna aussi du poisson, autant qu'ils en voulaient. Quand ils eurent mangé à leur faim, il dit à ses disciples : « Rassemblez les morceaux en surplus, pour que rien ne se perde. » Ils les rassemblèrent, et ils remplirent douze paniers avec les morceaux des cinq pains d'orge, restés en surplus pour ceux qui prenaient cette nourriture.

À la vue du signe que Jésus avait accompli, les gens disaient : « C'est vraiment lui le Prophète annoncé, celui qui vient dans le monde. » Mais Jésus savait qu'ils allaient venir l'enlever pour faire de lui leur roi ; alors de nouveau il se retira dans la montagne, lui seul.

## *Prière sur les offrandes*

Regarde, Seigneur, les offrandes que nous te présentons en faisant mémoire du bienheureux Athanase ; que la confession de ta vérité conduise au salut ceux qui gardent la foi pure qui fut la sienne. Par le Christ, notre Seigneur. — ***Amen.***

*Préface du temps pascal, p. 227.*

## *Antienne de la communion*

La pierre de fondation,
personne ne peut
en poser d'autre
que celle qui s'y trouve :
Jésus Christ, alléluia.
(1 Co 3, 11)

*Prière après la communion*
Nous t'en prions, Dieu tout-puissant : puisqu'avec le bienheureux Athanase, nous confessons fermement la divinité de ton Fils unique, lui qui est vraiment Dieu, qu'il nous procure dans ce sacrement vie et force pour toujours. Lui qui… — ***Amen.***

## INVITATION

Et si, en ce début du mois de Marie, je m'engageais à réciter au moins un Je vous salue Marie par jour jusqu'à la fin de mai ?

## COMMENTAIRE

### Un grand écart

Jean 6, 1-15

**En lisant l'évangile du jour, nous sommes à des années-lumière de la société du spectacle dans laquelle nous baignons. Après avoir nourri des milliers de personnes en multipliant pains et poissons, Jésus se « retire dans la montagne », « lui seul » précise le texte. Il s'éloigne pour rester dans la vérité d'une royauté qui n'est pas de ce monde. Un écart fertile qui le remet dans sa trajectoire filiale, abandonné entre les mains de son Père.** ■

***Bénédicte de la Croix**, cistercienne*

# SAMEDI 3 MAI 2025

COULEUR LITURGIQUE : ROUGE

**Saint Philippe et saint Jacques**

*Ier siècle. Deux des douze Apôtres. Natif de Bethsaïde comme Simon-Pierre et André, Philippe fut appelé par Jésus à le suivre. Jacques, fils d'Alphée, est aussi appelé le Mineur.*

*Antienne d'ouverture*

**Voici les saints Philippe et Jacques :**
**le Seigneur les a vraiment aimés,**
**il les a choisis et leur a donné une gloire éternelle, alléluia.**

*Gloire à Dieu* (p. 222)

*Prière*

Seigneur Dieu, tu nous réjouis chaque année par la fête des apôtres Philippe et Jacques ; à leur prière, accorde-nous d'être associés à la passion et à la résurrection de ton Fils unique, afin de parvenir ainsi à te contempler pour l'éternité. Par Jésus… — ***Amen.***

*Lectures propres à la fête de saint Philippe et saint Jacques.*

## Lecture

de la première lettre de saint Paul apôtre aux Corinthiens (15, 1-8)

*« Il est apparu à Jacques, puis à tous les Apôtres »*

Frères, je vous rappelle la Bonne Nouvelle que je vous ai annoncée ; cet Évangile, vous l'avez reçu ; c'est en lui que vous tenez bon, c'est par lui que vous serez sauvés si vous le gardez tel que je vous l'ai annoncé ;

autrement, c'est pour rien que vous êtes devenus croyants. Avant tout, je vous ai transmis ceci, que j'ai moi-même reçu : le Christ est mort pour nos péchés conformément aux Écritures, et il fut mis au tombeau; il est ressuscité le troisième jour conformément aux Écritures, il est apparu à Pierre, puis aux Douze; ensuite il est apparu à plus de cinq cents frères à la fois – la plupart sont encore vivants, et quelques-uns sont endormis dans la mort –, ensuite il est apparu à Jacques, puis à tous les Apôtres. Et en tout dernier lieu, il est même apparu à l'avorton que je suis. – Parole du Seigneur.

## *Psaume* 18A (19)

℟ ***Par toute la terre s'en va leur message.***

*OU*

***Alléluia.***

Les cieux proclament la gloire de Dieu,
le firmament raconte l'ouvrage de ses mains.
Le jour au jour en livre le récit
et la nuit à la nuit en donne connaissance. ℟

Pas de paroles dans ce récit,
pas de voix qui s'entende ;
mais sur toute la terre en paraît le message
et la nouvelle, aux limites du monde. ℟

### *Acclamation de l'Évangile*

***Alléluia. Alléluia.*** Moi, je suis le Chemin, la Vérité et la Vie, dit le Seigneur. Philippe, celui qui m'a vu a vu le Père. ***Alléluia.***

## Évangile de Jésus Christ

selon saint Jean (14, 6-14)

*« Il y a si longtemps que je suis avec vous, et tu ne me connais pas ! »*

En ce temps-là, Jésus dit à Thomas : « Moi, je suis le Chemin, la Vérité et la Vie ; personne ne va vers le Père sans passer par moi. Puisque vous me connaissez, vous connaîtrez aussi mon Père. Dès maintenant vous le connaissez, et vous l'avez vu. » Philippe lui dit : « Seigneur, montre-nous le Père ; cela nous suffit. » Jésus lui répond : « Il y a si longtemps que je suis avec vous, et tu ne me connais pas, Philippe ! Celui qui m'a vu a vu le Père. Comment peux-tu dire : "Montre-nous le Père" ? Tu ne crois donc pas que je suis dans le Père et que le Père est en moi ! Les paroles que je vous dis, je ne les dis pas de moi-même ; le Père qui demeure en moi fait ses propres œuvres. Croyez-moi : je suis dans le Père, et le Père est en moi ; si vous ne me croyez pas, croyez du moins à cause des œuvres elles-mêmes. Amen, amen, je vous le dis : celui qui croit en moi fera les œuvres que je fais. Il en fera même de plus grandes, parce que je pars vers le Père, et tout ce que vous demanderez en mon nom, je le ferai, afin que le Père soit glorifié dans le Fils. Quand vous me demanderez quelque chose en mon nom, moi, je le ferai. »

### *Prière sur les offrandes*

Reçois les offrandes que nous t'apportons, Seigneur, en la fête des apôtres Philippe et Jacques ; accorde-nous de pratiquer d'une manière irréprochable et pure la religion qu'ils ont enseignée. Par le Christ, notre Seigneur. — ***Amen.***

*Préface des Apôtres, p. 230.*

### *Antienne de la communion*

« Seigneur, dit Philippe,
montre-nous le Père ;
cela nous suffit. » Jésus répondit :
« Philippe, qui me voit, voit le Père »,
alléluia.
(cf. Jn 14, 8-9)

### *Prière après la communion*

Purifie nos esprits, Seigneur, par cette communion à tes mystères : ainsi, avec les apôtres Philippe et Jacques, nous pourrons te contempler dans le Fils et obtenir la vie éternelle. Par le Christ, notre Seigneur. ***— Amen.***

## INVITATION

Jésus est le Chemin, la Vérité et la Vie !
Comment cette affirmation résonne-t-elle dans ma vie ?

## COMMENTAIRE

**Dans le silence de l'âme** Jean 14, 6-14

**À un disciple de la première heure désireux de voir le Père, Jésus répond : « Il y a si longtemps que je suis avec vous, et tu ne me connais pas, Philippe ! Celui qui m'a vu a vu le Père. » En écho, je vous invite à méditer cette parole de Jean de la Croix : « Le Père éternel a dit une seule parole : c'est son Fils. Il l'a dit éternellement dans un éternel silence. C'est dans le silence de l'âme qu'elle se fait entendre. » ■**

***Bénédicte de la Croix,** cistercienne*

# DIMANCHE 4 MAI 2025

## 3E DIMANCHE DE PÂQUES

**ANNÉE C – COULEUR LITURGIQUE : BLANC**

**« C'est le Seigneur ! »** L'exclamation parle d'elle-même : reconnaître le Vivant en celui qui était mort est une joie explosive, impossible à contenir, impossible à nier. Les Apôtres ont préféré les sévices au reniement. Ils gardent, chevillée au cœur, l'espérance des noces de l'Agneau qui rassembleront l'humanité dans la gloire éternelle du ciel et que, déjà, nous célébrons.

## RITES INITIAUX

***Chant d'entrée*** *(Suggestions p. 249)*
*ou* ***Antienne d'ouverture***
Acclamez Dieu, toute la terre ; fêtez la gloire de son nom,
glorifiez-le en célébrant sa louange, alléluia. (Ps 65, 1-2)

***Suggestion de préparation pénitentielle*** *(ou p. 219)*
Le Christ est ressuscité ! Préparons-nous à le rencontrer en ouvrant nos cœurs à sa miséricorde.

Seigneur Jésus, toi que le Père a relevé de la mort, tends-nous la main. Pardonne nos péchés, prends pitié de nous.
***— Prends pitié de nous.***

Ô Christ, toi l'Agneau immolé pour le salut de tous les hommes, délivre-nous du mal. Donne-nous force et lumière, prends pitié de nous.
***— Prends pitié de nous.***

Seigneur, toi qui te fais nourriture de vie éternelle, apaise notre faim. Fais-nous désirer les biens du ciel, prends pitié de nous.
***— Prends pitié de nous.***

Que Dieu tout-puissant nous fasse miséricorde ; qu'il nous pardonne nos péchés et nous conduise à la vie éternelle. ***— Amen.***
*(On peut aussi prendre le rite de l'aspersion, p. 221.)*

***Gloire à Dieu*** *(p. 222)*

*Prière*

Garde à ton peuple sa joie, Seigneur Dieu, car tu renouvelles la jeunesse de son âme ; il se réjouit d'avoir retrouvé la gloire de l'adoption filiale : qu'il attende désormais le jour de la résurrection, dans la ferme espérance du bonheur que tu donnes. Par Jésus… ***— Amen.***

## LITURGIE DE LA PAROLE

***Lecture*** du livre des Actes des Apôtres (5, 27b-32.40b-41)

*« Nous sommes les témoins de tout cela, avec l'Esprit Saint »*

**En ces jours-là, les Apôtres comparaissaient devant le Conseil suprême. Le grand prêtre les interrogea : « Nous vous avions formellement interdit d'enseigner au nom de celui-là, et voilà que vous remplissez Jérusalem de votre enseignement. Vous voulez donc faire retomber sur nous le sang de cet homme ! » En réponse, Pierre et les Apôtres déclarèrent : « Il faut obéir à Dieu plutôt qu'aux hommes. Le Dieu de nos pères a ressuscité Jésus, que vous aviez exécuté en le suspendant au bois du supplice. C'est lui que Dieu, par sa main droite, a élevé, en faisant de lui le Prince et le Sauveur, pour accorder à Israël la conversion et le pardon des péchés. Quant à nous, nous sommes les témoins de tout cela, avec l'Esprit Saint, que Dieu a donné à ceux qui lui obéissent. »**
**Après avoir fait fouetter les Apôtres, ils leur interdirent de parler au nom de Jésus, puis ils les relâchèrent. Quant à eux, quittant**

le Conseil suprême, ils repartaient tout joyeux d'avoir été jugés dignes de subir des humiliations pour le nom de Jésus.
– Parole du Seigneur.

## *Psaume* 29 (30)

℟ ***Je t'exalte, Seigneur ; tu m'as relevé.*** OU ***Alléluia !***

*T. : AELF ; M. : G. Previdi ; Éd. : ADF.*

Quand j'ai crié vers toi, Seigneur,
mon Dieu, tu m'as guéri ;
Seigneur, tu m'as fait remonter de l'abîme
et revivre quand je descendais à la fosse. ℟

Fêtez le Seigneur, vous, ses fidèles,
rendez grâce en rappelant son nom très saint.
Sa colère ne dure qu'un instant,
sa bonté, toute la vie. ℟

**Écoutez ce psaume sur www.prionseneglise.fr/messe-du-dimanche**

℟ ***Je t'exalte, Seigneur; tu m'as relevé.*** *OU* ***Alléluia!***

Avec le soir, viennent les larmes,
mais au matin, les cris de joie.
Tu as changé mon deuil en une danse,
mes habits funèbres en parure de joie. ℟

Que mon cœur ne se taise pas,
qu'il soit en fête pour toi,
et que sans fin, Seigneur, mon Dieu,
je te rende grâce! ℟

## *Lecture* de l'Apocalypse de saint Jean (5, 11-14)

*« Il est digne, l'Agneau immolé, de recevoir puissance et richesse »*

**Moi, Jean, j'ai vu : et j'entendis la voix d'une multitude d'anges qui entouraient le Trône, les Vivants et les Anciens; ils étaient des myriades de myriades, par milliers de milliers. Ils disaient d'une voix forte : « Il est digne, l'Agneau immolé, de recevoir puissance et richesse, sagesse et force, honneur, gloire et louange. » Toute créature dans le ciel et sur la terre, sous la terre et sur la mer, et tous les êtres qui s'y trouvent, je les entendis proclamer : « À celui qui siège sur le Trône, et à l'Agneau, la louange et l'honneur, la gloire et la souveraineté pour les siècles des siècles. » Et les quatre Vivants disaient : « Amen! »; et les Anciens, se jetant devant le Trône, se prosternèrent.** – Parole du Seigneur.

*Acclamation de l'Évangile*

***Alléluia. Alléluia.*** Le Christ est ressuscité, le Créateur de l'univers, le Sauveur des hommes. ***Alléluia.***

*IU 56-65; M. : P. Robert; Bayard Liturgie.*

## *Évangile de Jésus Christ* selon saint Jean (21, 1-19)

*Lecture brève : 21, 1-14*

*« Jésus s'approche ; il prend le pain et le leur donne ; et de même pour le poisson »*

**En ce temps-là, Jésus se manifesta encore aux disciples sur le bord de la mer de Tibériade, et voici comment. Il y avait là, ensemble, Simon-Pierre, avec Thomas, appelé Didyme (c'est-à-dire**

Jumeau), Nathanaël, de Cana de Galilée, les fils de Zébédée, et deux autres de ses disciples. Simon-Pierre leur dit : « Je m'en vais à la pêche. » Ils lui répondent : « Nous aussi, nous allons avec toi. » Ils partirent et montèrent dans la barque ; or, cette nuit-là, ils ne prirent rien.
Au lever du jour, Jésus se tenait sur le rivage, mais les disciples ne savaient pas que c'était lui. Jésus leur dit : « Les enfants, auriez-vous quelque chose à manger ? » Ils lui répondirent : « Non. » Il leur dit : « Jetez le filet à droite de la barque, et vous trouverez. » Ils jetèrent donc le filet, et cette fois ils n'arrivaient pas à le tirer, tellement il y avait de poissons. Alors, le disciple que Jésus aimait dit à Pierre : « C'est le Seigneur ! » Quand Simon-Pierre entendit que c'était le Seigneur, il passa un vêtement, car il n'avait rien sur lui, et il se jeta à l'eau. Les autres disciples arrivèrent en barque, traînant le filet plein de poissons ; la terre n'était qu'à une centaine de mètres.
Une fois descendus à terre, ils aperçoivent, disposé là, un feu de braise avec du poisson posé dessus, et du pain. Jésus leur dit : « Apportez donc de ces poissons que vous venez de prendre. » Simon-Pierre remonta et tira jusqu'à terre le filet plein de gros poissons : il y en avait cent cinquante-trois. Et, malgré cette quantité, le filet ne s'était pas déchiré. Jésus leur dit alors : « Venez manger. » Aucun des disciples n'osait lui demander : « Qui es-tu ? » Ils savaient que c'était le Seigneur. Jésus s'approche ; il prend le pain et

le leur donne ; et de même pour le poisson. C'était la troisième fois que Jésus ressuscité d'entre les morts se manifestait à ses disciples.

*Fin de la lecture brève*

Quand ils eurent mangé, Jésus dit à Simon-Pierre : « Simon, fils de Jean, m'aimes-tu vraiment, plus que ceux-ci ? » Il lui répond : « Oui, Seigneur ! Toi, tu le sais : je t'aime. » Jésus lui dit : « Sois le berger de mes agneaux. » Il lui dit une deuxième fois : « Simon, fils de Jean, m'aimes-tu vraiment ? » Il lui répond : « Oui, Seigneur ! Toi, tu le sais : je t'aime. » Jésus lui dit : « Sois le pasteur de mes brebis. » Il lui dit, pour la troisième fois : « Simon, fils de Jean, m'aimes-tu ? » Pierre fut peiné parce que, la troisième fois, Jésus lui demandait : « M'aimes-tu ? » Il lui répond : « Seigneur, toi, tu sais tout : tu sais bien que je t'aime. » Jésus lui dit : « Sois le berger de mes brebis. Amen, amen, je te le dis : quand tu étais jeune, tu mettais ta ceinture toi-même pour aller là où tu voulais ; quand tu seras vieux, tu étendras les mains, et c'est un autre qui te mettra ta ceinture, pour t'emmener là où tu ne voudrais pas aller. » Jésus disait cela pour signifier par quel genre de mort Pierre rendrait gloire à Dieu. Sur ces mots, il lui dit : « Suis-moi. »

***Homélie***

***Profession de foi*** *(p. 223)*

### *Suggestion de prière universelle*

*Le prêtre :*

Dans la joie de la Résurrection, prions le Père pour nos frères et sœurs inquiets et désemparés.

℟ ***Exauce-nous, Seigneur de gloire.***

*X 27 n°32 SM; M. : Éqc.*

*Le diacre ou un lecteur :*

Prions pour l'Église. Pour que les évêques, successeurs des Apôtres, trouvent des collaborateurs à la mission et que l'Évangile rejoigne tous les hommes, nous te supplions, Seigneur. ℟

Prions pour les puissants de ce monde. Pour que les dirigeants des pays les plus riches aient le souci des pays en développement et redoublent d'efforts au service de la paix, nous te supplions, Seigneur. ℟

Prions pour les malades et pour les familles en deuil. Pour que toutes les personnes dans l'épreuve soient soutenues et accompagnées vers un avenir meilleur, nous te supplions, Seigneur. ℟

Prions pour tous les chrétiens. Pour que notre amour du Christ consolide notre communion dans la foi, l'espérance et la charité, nous te supplions, Seigneur. ℟

*(Ces intentions seront adaptées ou modifiées selon les circonstances. On peut aussi s'inspirer de l'intention universelle du Saint-Père, p. 6.)*

*Le prêtre :*

Dieu de nos pères, toi qui as relevé ton Fils de la mort, reçois notre prière. Accorde à tous les habitants de la Terre un surplus de vie et de joie. Par le Christ, notre Seigneur. **— *Amen.***

## LITURGIE EUCHARISTIQUE

### *Prière sur les offrandes*

Accueille, nous t'en prions, Seigneur, les dons de ton Église en fête ; tu es pour elle à l'origine d'un si grand bonheur : qu'il s'épanouisse en joie éternelle. Par le Christ, notre Seigneur. **— *Amen.***

### *Prière eucharistique* *(Préface du temps pascal, p. 227)*

### *Chant de communion* *(Suggestions p. 249)*

*OU*

### *Antienne de la communion*

Au bord du lac, Jésus invite ses disciples : « Venez manger. »
Puis il prend le pain et le leur donne, alléluia. (cf. Jn 21, 12-13)

### *Prière après la communion*

Regarde avec bonté, Seigneur, nous t'en prions, le peuple que tu as rénové par tes sacrements ; accorde-nous de parvenir à la vie incorruptible lorsque notre chair ressuscitera dans la gloire. Par le Christ, notre Seigneur. **— *Amen.***

## RITE DE CONCLUSION

### *Bénédiction solennelle*

En ressuscitant son Fils unique, Dieu vous a accordé le bienfait de la rédemption, il a fait de vous ses enfants : qu'il vous donne la joie de sa bénédiction.

**— *Amen.***

Du Rédempteur, vous avez reçu d'être libres à jamais : qu'il vous accorde aussi d'avoir part à l'héritage éternel.

**— *Amen.***

Par la foi au Christ, dans le baptême vous êtes déjà ressuscités ; par la droiture de votre vie présente, puissiez-vous mériter de lui être unis dans la patrie du ciel.

**— *Amen.***

Et que la bénédiction de Dieu tout-puissant, le Père, et le Fils, ✠ et le Saint-Esprit, descende sur vous et y demeure toujours. **— *Amen.***

### *Envoi*

**COMMENTAIRE DU DIMANCHE**

**Karém Bustica,** rédactrice en chef de *Prions en Église*

# Concentré de foi

Pierre s'habille avant de se jeter à l'eau, Jésus fait cuire du poisson alors même que la pêche n'est pas encore arrivée... Le récit de ce dimanche peut sembler maladroit dans sa forme, et pourtant cette histoire est un concentré de foi pour nos chemins de croyants.

Lorsque l'homme sur le rivage donne les indications pour que le filet se remplisse de poissons, cela ne fait plus aucun doute pour les disciples : il s'agit du Seigneur. Jésus ressuscité renouvelle pour eux l'aventure de la pêche miraculeuse et, dans la même invitation à jeter le filet, renouvelle la relation qui les lie désormais avec lui. C'est bien le Seigneur, mais tout a changé. Le disciple que Jésus aimait trouve des mots pour affirmer sa foi. C'est dans l'action que Pierre proclame le Ressuscité, passant un •••

••• vêtement et se jetant à l'eau. L'un par la parole, l'autre par les actes – sans oublier l'équipée témoin qui manœuvre sur la barque – les disciples nous précèdent dans cette vie nouvelle : ils passent de la nuit au matin, de la mer au rivage, de l'échec à la surabondance. C'est le mouvement de Pâques.
Sur le rivage, le repas est déjà servi et il y a de la place pour les poissons que les disciples viennent de compter. Jésus les réunit autour d'un geste qui leur rappelle la Cène, mais ça, c'était avant. À présent, tous les disciples reconnaissent qu'il est le Seigneur, le pain vivant descendu du ciel, l'eau vive, le verbe fait chair, le Fils de Dieu.

À quels autres épisodes de l'Évangile me fait penser ce récit ?
Et pour moi, comment se manifeste Jésus ressuscité ? ■

PrionsenEglise junior

LIRE L'ÉVANGILE AVEC LES ENFANTS

4 - 10

## CE QUE JE DÉCOUVRE

Après la mort de Jésus, Simon-Pierre part pêcher avec quelques compagnons. Mais ils n'attrapent rien. Pourtant, en écoutant la parole d'un inconnu, **« Jetez le filet à droite de la barque, et vous trouverez »,** les disciples pêchent tant de poissons que le filet est près de craquer. L'un des disciples se rend compte qu'il s'agit de Jésus. Seul le Seigneur est capable de faire une telle merveille. **Par une simple parole, Jésus ressuscité permet à ceux qui l'écoutent de faire de grandes choses;** de transformer une journée qui commence mal en une journée remplie de joie.

## CE QUE JE VIS

Quelles activités aimes-tu faire quand tu te sens triste ?
Connais-tu quelqu'un qui a rendu belle une journée qui commençait mal pour toi ?
**Dans la prière, les yeux fermés, ouvre tes mains et demande à Jésus de t'aider à le reconnaître.**

Texte : Marie-Pierre Cockenpot. Illustrations : Marcelino Truong

**MÉDITATION BIBLIQUE**

**3E DIMANCHE DE PÂQUES**

Actes des Apôtres 5, 27b-32.40b-41

# À l'écoute de Dieu

**Très vite, pour les disciples, les ennuis commencent. Mais ils sont l'occasion d'incarner une autre façon de vivre.**

## Le temps de la préparation

**« Quand j'ai crié vers toi,
Seigneur, mon Dieu,
tu m'as guéri ; Seigneur,
tu m'as fait remonter de l'abîme
et revivre quand je descendais
à la fosse. » (Ps 29, 3-4)**

## Le temps de l'observation

Désormais seuls, les Apôtres doivent inventer un futur différent, où ils auront à se demander que faire de l'héritage reçu. En choisissant de continuer à parler de Jésus, ils déchaînent la colère des autorités religieuses et sont convoqués par le grand prêtre pour s'expliquer. Alors que celui-ci les accuse de rébellion, les Apôtres refusent de rentrer dans un conflit de trahison. « Il faut obéir à Dieu plutôt qu'aux hommes. » Sortie de tout contexte, cette phrase pourrait vite devenir dangereuse. Dans la situation qui est celle où elle apparaît, elle dit le souffle qui anime les disciples tout vibrants de l'Évangile. Ils pressentent que Jésus les a initiés à un autre type d'attitude envers l'institution. Ils sont vivants, ils le sentent et refusent de s'écarter de la vie du Royaume. Ce faisant, ils prennent un risque fort. Mais la punition qu'ils reçoivent pèse peu face au souffle qui les anime.

## Le temps de la méditation

Chaque génération, chaque personne peut se retrouver dans une situation similaire. La réaction des disciples est alors un bon indicateur de l'attitude à adopter. Proches encore de l'esprit de leur maître, ils refusent de faire allégeance à une logique qui contredit leurs convictions. Le grand prêtre a fait partie de ceux qui ont participé à la mort de Jésus, il serait fou et irrespectueux de se soumettre à ses ordres. Ils préfèrent donc obéir à Dieu, c'est-à-dire l'écouter. Voilà donc une solution intéressante à toute personne dans un conflit de trahison. Se mettre à écouter Dieu dans sa vie demande du courage car il s'agit d'oser inventer des réponses non encore écrites. Selon l'exemple qui est donné, faire face de façon neuve suppose de relire son histoire, de chercher un sens, de s'en parler et de pouvoir expliciter ses choix en les mettant en mots. Malgré la punition reçue, un sentiment de dignité les remplit de joie.

## Le temps de la prière

**« Tu as changé mon deuil**
**en une danse, mes habits**
**funèbres en parure de joie.**
**Que mon cœur ne se taise pas,**
**qu'il soit en fête pour toi, et que**
**sans fin, Seigneur, mon Dieu,**
**je te rende grâce ! » (Ps 29, 12-13)** ■

**Marie-Laure Durand,** bibliste

## DES IMAGES POUR LA FOI

### 3E DIMANCHE DE PÂQUES

# Au bord du lac

**Le peintre imagine les rivages du lac de Tibériade comme ceux du lac Léman. Jésus ressuscité y apparaît aux sept disciples partis pêcher.**

Ce tableau est un peu comme l'une des premières cartes postales : le peintre y décrit minutieusement le paysage des bords du lac Léman tel qu'il était au XVe siècle. On y voit les maisons sur pilotis de la Genève médiévale tandis qu'à l'arrière-plan on reconnaît précisément les différents massifs montagneux (les Voirons, le Môle, etc.) qui se détachent sur les sommets enneigés de la chaîne du Mont-Blanc à l'horizon. Dans les champs qui descendent des montagnes vers l'autre rive du lac, le peintre a aussi représenté différentes scènes de vie quotidienne ou de travaux des champs. Dans un tel cadre, comment ne pas se croire au bord du lac de Tibériade et imaginer Jésus ressuscité se tenant au bord du rivage (Jn 21, 4) ? Les six disciples qui sont encore à bord de la barque s'affairent pour tirer le filet rempli de poissons. Comme « le disciple que Jésus aimait », Pierre a reconnu le Seigneur et se jette à l'eau pour venir à sa rencontre (Jn 21, 7). Cette plongée de l'Apôtre dans le lac est un passage, un baptême symbolique : Pierre ne sera pas seulement un pêcheur d'hommes, Jésus va faire de lui aussi le « pasteur » de ses « brebis » (Jn 21, 15-17). ■

**Dominique Pierre**

© André Held / akg-images.

**La pêche miraculeuse,** Konrad Witz (1444), Musée d'Art et d'Histoire de Genève (Suisse).

# LUNDI 5 MAI 2025

3e SEMAINE DE PÂQUES COULEUR LITURGIQUE : BLANC

**Temps pascal,** *messe de la férie*

*Antienne d'ouverture*

**Le bon pasteur est ressuscité, lui qui a donné sa vie pour ses brebis, lui qui a choisi de mourir pour son troupeau, alléluia.**

*Prière*

Nous t'en prions, Dieu tout-puissant : par la guérison obtenue dans le mystère pascal, tu nous as conformés à la nature de ton Fils ; fais qu'en nous dépouillant de l'homme ancien et de ses façons d'agir, nous vivions de la vie du Christ. Lui qui… — ***Amen.***

## Lecture

du livre des Actes des Apôtres (6, 8-15)

*« Ils ne pouvaient résister à la sagesse et à l'Esprit qui le faisaient parler »*

**En ces jours-là, Étienne, rempli de la grâce et de la puissance de Dieu, accomplissait parmi le peuple des prodiges et des signes éclatants. Intervinrent alors certaines gens de la synagogue dite des Affranchis, ainsi que des Cyrénéens et des Alexandrins, et aussi des gens originaires de Cilicie et de la province d'Asie. Ils se mirent à discuter avec Étienne, mais sans pouvoir résister à la sagesse et à l'Esprit qui le faisaient parler. Alors ils soudoyèrent des hommes pour qu'ils disent : « Nous l'avons entendu**

prononcer des paroles blasphématoires contre Moïse et contre Dieu. » Ils ameutèrent le peuple, les anciens et les scribes, et, s'étant saisis d'Étienne à l'improviste, ils l'amenèrent devant le Conseil suprême. Ils produisirent de faux témoins*, qui disaient : « Cet individu ne cesse de proférer des paroles contre le Lieu saint et contre la Loi. Nous l'avons entendu affirmer que ce Jésus, le Nazaréen, détruirait le Lieu saint et changerait les coutumes que Moïse nous a transmises. » Tous ceux qui siégeaient au Conseil suprême avaient les yeux fixés sur Étienne, et ils virent que son visage était comme celui d'un ange.

– Parole du Seigneur.

## *Psaume* 118 (119)

℟ ***Heureux ceux qui marchent suivant la loi du Seigneur !***

*OU*

***Alléluia !***

Lorsque des grands accusent ton serviteur,
je médite sur tes ordres.
Je trouve mon plaisir en tes exigences :
ce sont elles qui me conseillent. ℟

J'énumère mes voies : tu me réponds ;
apprends-moi tes commandements.
Montre-moi la voie de tes préceptes,
que je médite sur tes merveilles. ℟

Détourne-moi de la voie du mensonge,
fais-moi la grâce de ta loi.
J'ai choisi la voie de la fidélité,
je m'ajuste à tes décisions. ℟

### *Acclamation de l'Évangile*

***Alléluia. Alléluia.*** L'homme ne vit pas seulement de pain, mais de toute parole qui sort de la bouche de Dieu. ***Alléluia.***

## *Évangile de Jésus Christ*

selon saint Jean (6, 22-29)

*« Travaillez non pas pour la nourriture qui se perd, mais pour la nourriture qui demeure jusque dans la vie éternelle »*

Jésus avait rassasié cinq mille hommes, et ses disciples l'avaient vu marcher sur la mer. Le lendemain, la foule restée sur l'autre rive se rendit compte qu'il n'y avait eu là qu'une seule barque, et que Jésus n'y était pas monté avec ses disciples, qui étaient partis sans lui. Cependant, d'autres barques, venant de Tibériade, étaient arrivées près de l'endroit où l'on avait mangé le pain après que le Seigneur eut rendu grâce.

Quand la foule vit que Jésus n'était pas là, ni ses disciples, les gens montèrent dans les barques et se dirigèrent vers Capharnaüm à la recherche de Jésus. L'ayant trouvé sur l'autre rive, ils lui dirent : « Rabbi, quand es-tu arrivé ici ? » Jésus leur répondit : « Amen, amen, je vous le dis : vous me cherchez, non parce que vous avez vu des signes, mais parce que vous avez mangé de ces pains et que vous avez été rassasiés. Travaillez non pas pour la nourriture qui se perd, mais pour la nourriture qui demeure jusque dans la vie éternelle, celle que vous donnera le Fils de l'homme, lui que Dieu, le Père, a marqué de son sceau. » Ils lui dirent alors : « Que devons-nous faire pour travailler aux œuvres de Dieu ? » Jésus leur répondit : « L'œuvre de Dieu, c'est que vous croyiez en celui qu'il a envoyé. »

## *Prière sur les offrandes*

Que nos prières montent vers toi, Seigneur, avec ces offrandes pour le sacrifice ; dans ta bonté, purifie-nous, et nous serons mieux préparés au sacrement de ton amour infini. Par le Christ, notre Seigneur. – ***Amen.***

*Préface du temps pascal, p. 227.*

## *Antienne de la communion*

Je vous laisse la paix,
je vous donne ma paix ;
ce n'est pas à la manière du monde
que je vous la donne, dit le Seigneur,
alléluia.
(Jn 14, 27)

## *Prière après la communion*

Dieu éternel et tout-puissant, dans la résurrection du Christ, tu nous recrées pour la vie éternelle ; multiplie en nous les fruits du sacrement pascal : répands en nos cœurs la force de cette nourriture qui apporte le salut. Par le Christ, notre Seigneur. – ***Amen.***



## INVITATION

Dimanche sera la Journée mondiale de prière pour les vocations. Toute cette semaine, je peux prier pour les vocations de tous les baptisés que je connais.

## COMMENTAIRE

**Là où on ne l'attend pas** Jean 6, 22-29

**Une véritable traque! Les foules ont entendu parler de miracles, elles accourent sur les lieux; ne trouvant pas Jésus, elles s'embarquent pour traverser la mer. Leurs motivations ont beau être mêlées, leur persévérance force l'admiration. Ces hommes, ces femmes ont compris que Jésus n'est pas toujours là où on l'attend. Lorsque le Seigneur paraît absent, n'imaginons pas qu'il nous a abandonnés, mais entendons l'appel à prendre le large et à passer sur l'autre rive.** ■

***Bertrand Lesoing**, prêtre de la communauté Saint-Martin*

## ✲ CLÉ DE LECTURE

**« De faux témoins »** Actes 6, 13 *(p. 47)*

**Le procès d'Étienne puis son martyre permettent à Luc de montrer comment le disciple doit prendre la suite de Jésus. Or, si de nombreux éléments sont parallèles au procès de Jésus, l'introduction de faux témoins est absente du récit de la Passion selon Luc, tandis que Matthieu et Marc relèvent leur incohérence (Mt 26, 60; Mc 14, 57). C'est que le disciple, animé de l'esprit même de Jésus, n'est pas un simple imitateur, il va reprendre à son compte autrement ce que Jésus a vécu. L'accusation ici porte clairement à faux: Étienne insistera sur la Loi comme paroles de vie transmises par un ange à Moïse (Ac 7, 38). Il rejoint Jésus en affirmant que, loin de toute manipulation ou emprise humaine, la Loi, portée par l'Esprit Saint, invite à la vie!** ■

***Roselyne Dupont-Roc**, bibliste*

# MARDI 6 MAI 2025

3E SEMAINE DE PÂQUES COULEUR LITURGIQUE : BLANC

**Temps pascal,** *messe de la férie*



*Antienne d'ouverture*

**Louez notre Dieu, vous tous qui le craignez, les petits et les grands. Maintenant voici le salut, la puissance, et le pouvoir de son Christ, alléluia !** (Ap 19, 5 ; 12, 10)

*Prière*

Seigneur Dieu, à ceux que tu as fait renaître de l'eau et de l'Esprit Saint, tu ouvres le royaume des Cieux ; fais grandir ta grâce en tes serviteurs afin que, déjà purifiés de leurs fautes, ils ne rendent vaine aucune des promesses de ton amour. Par Jésus… ***— Amen.***

## Lecture

du livre des Actes des Apôtres (7, 51 – 8, 1a)

*« Seigneur Jésus, reçois mon esprit »*

**En ces jours-là, Étienne disait au peuple, aux anciens et aux scribes : « Vous qui avez la nuque raide, vous dont le cœur et les oreilles sont fermés à l'Alliance, depuis toujours vous résistez à l'Esprit Saint ; vous êtes bien comme vos pères ! Y a-t-il un prophète que vos pères n'aient pas persécuté ? Ils ont même tué ceux qui annonçaient d'avance la venue du Juste, celui-là que maintenant vous venez de livrer et d'assassiner. Vous qui aviez reçu la loi sur ordre des anges, vous ne l'avez pas observée. » Ceux**

qui écoutaient ce discours avaient le cœur exaspéré et grinçaient des dents contre Étienne. Mais lui, rempli de l'Esprit Saint, fixait le ciel du regard : il vit la gloire de Dieu, et Jésus debout à la droite de Dieu. Il déclara : « Voici que je contemple les cieux ouverts et le Fils de l'homme debout à la droite de Dieu. » Alors ils poussèrent de grands cris et se bouchèrent les oreilles. Tous ensemble, ils se précipitèrent sur lui, l'entraînèrent hors de la ville et se mirent à le lapider. Les témoins avaient déposé leurs vêtements aux pieds d'un jeune homme appelé Saul. Étienne, pendant qu'on le lapidait, priait ainsi : « Seigneur Jésus, reçois mon esprit. » Puis, se mettant à genoux, il s'écria d'une voix forte : « Seigneur, ne leur compte pas ce péché. » Et, après cette parole, il s'endormit dans la mort.

Quant à Saul, il approuvait ce meurtre. – Parole du Seigneur.

## *Psaume* 30 (31)

℟ ***En tes mains, Seigneur, je remets mon esprit.*** OU ***Alléluia !***

Sois le rocher qui m'abrite,
la maison fortifiée qui me sauve.
Ma forteresse et mon roc, c'est toi :
pour l'honneur de ton nom,
tu me guides et me conduis. ℟

En tes mains je remets mon esprit ;
tu me rachètes, Seigneur, Dieu de vérité.
Moi, je suis sûr du Seigneur.
Ton amour me fait danser de joie. ℟

Sur ton serviteur,
que s'illumine ta face ;
sauve-moi par ton amour.
Tu combles, à la face du monde,
ceux qui ont en toi leur refuge. ℟

### *Acclamation de l'Évangile*

***Alléluia. Alléluia.*** Moi, je suis le pain de la vie, dit le Seigneur, celui qui vient à moi n'aura jamais faim. ***Alléluia.***

## Évangile de Jésus Christ

selon saint Jean (6, 30-35)



*« Ce n'est pas Moïse, c'est mon Père qui vous donne le vrai pain venu du ciel »*

**En ce temps-là, la foule dit à Jésus : « Quel signe vas-tu accomplir pour que nous puissions le voir, et te croire ? Quelle œuvre vas-tu faire ? Au désert, nos pères ont mangé la manne ; comme dit l'Écriture :** ***Il leur a donné à manger le pain venu du ciel.*** **» Jésus leur répondit : « Amen, amen, je vous le dis : ce n'est pas Moïse qui vous a donné le pain venu du ciel ; c'est mon Père qui vous donne le vrai pain venu du ciel. Car le pain de Dieu, c'est celui qui descend du ciel et qui donne la vie au monde. » Ils lui dirent alors : « Seigneur, donne-nous toujours de ce pain-là. » Jésus leur répondit : « Moi, je suis le pain de la vie. Celui qui vient à moi n'aura jamais faim ; celui qui croit en moi n'aura jamais soif. »**

### *Prière sur les offrandes*

Accueille, nous t'en prions, Seigneur, les dons de ton Église en fête ; tu es pour elle à l'origine d'un si grand bonheur : qu'il s'épanouisse en joie éternelle. Par le Christ, notre Seigneur. — ***Amen.***

*Préface du temps pascal, p. 227.*

### *Antienne de la communion*

Si nous sommes passés par la mort
avec le Christ, nous croyons
que nous vivrons aussi avec lui,
alléluia.
(Rm 6, 8)

### *Prière après la communion*

Regarde avec bonté, Seigneur, nous t'en prions, le peuple que tu as rénové par tes sacrements ; accorde-nous de parvenir à la vie incorruptible lorsque notre chair ressuscitera dans la gloire. Par le Christ, notre Seigneur. — ***Amen.***

## INVITATION

Le psaume me donne les mots pour m'appuyer sur le Seigneur.
Par quel geste concret puis-je manifester ma confiance en lui ?

## COMMENTAIRE

**Signes des temps** — Jean 6, 30-35

**Jésus est sommé de se manifester. « Quel signe vas-tu accomplir ? » lui demande-t-on. Et lui de répondre, non en accomplissant un miracle, mais en rappelant un fait du passé, le don de la manne au désert. Jésus n'entend pas faire de nous des nostalgiques, enfermés dans un temps révolu, mais des hommes et des femmes de la mémoire et de l'action de grâce : reconnaissant les signes de la présence de Dieu dans notre histoire, nous pouvons nous ouvrir à l'aujourd'hui de sa venue. ■**

***Bertrand Lesoing**, prêtre de la communauté Saint-Martin*

# MERCREDI 7 MAI 2025

3E SEMAINE DE PÂQUES COULEUR LITURGIQUE : BLANC

**Temps pascal,** *messe de la férie*

*Antienne d'ouverture*

**Que ma bouche soit remplie de ta louange, pour que je puisse chanter ; joie sur mes lèvres qui chantent pour toi, alléluia.** (cf. Ps 70, 8.23)

*Prière*

Viens au secours de ta famille, Seigneur, sois généreux pour elle : toi qui lui as donné la grâce de la foi, accorde-lui d'avoir part, pour toujours, à la résurrection de ton Fils unique. Lui qui… ***— Amen.***

## *Lecture*

du livre des Actes des Apôtres (8, 1b-8)

*« Ceux qui s'étaient dispersés annonçaient la Bonne Nouvelle de la Parole là où ils passaient »*

**Le jour de la mort d'Étienne, éclata une violente persécution contre l'Église de Jérusalem. Tous se dispersèrent dans les campagnes de Judée et de Samarie, à l'exception des Apôtres. Des hommes religieux ensevelirent Étienne et célébrèrent pour lui un grand deuil. Quant à Saul, il ravageait l'Église, il pénétrait dans les maisons, pour en arracher hommes et femmes, et les jeter en prison.**

**Ceux qui s'étaient dispersés annonçaient la Bonne Nouvelle de la**

Parole là où ils passaient. C'est ainsi que Philippe, l'un des Sept, arriva dans une ville de Samarie, et là il proclamait le Christ. Les foules, d'un même cœur, s'attachaient à ce que disait Philippe, car elles entendaient parler des signes qu'il accomplissait, ou même les voyaient. Beaucoup de possédés étaient délivrés des esprits impurs, qui sortaient en poussant de grands cris. Beaucoup de paralysés et de boiteux furent guéris. Et il y eut dans cette ville une grande joie.
– Parole du Seigneur.

## *Psaume* 65 (66)

℟ ***Acclamez Dieu, toute la terre !***
*OU* ***Alléluia !***

Acclamez Dieu, toute la terre ;
fêtez la gloire de son nom,
glorifiez-le en célébrant sa louange.
Dites à Dieu : « Que tes actions
sont redoutables ! ℟

« Toute la terre se prosterne devant toi,
elle chante pour toi, elle chante pour ton nom. »
Venez et voyez les hauts faits de Dieu,
ses exploits redoutables
pour les fils des hommes. ℟

Il changea la mer en terre ferme :
ils passèrent le fleuve à pied sec.
De là, cette joie qu'il nous donne.
Il règne à jamais par sa puissance. ℟

### *Acclamation de l'Évangile*

***Alléluia. Alléluia.*** Celui qui voit le Fils et croit en lui a la vie éternelle, dit le Seigneur; et moi, je le ressusciterai au dernier jour. ***Alléluia.***

## Évangile de Jésus Christ

selon saint Jean (6, 35-40)



*« Telle est la volonté de mon Père : que celui qui voit le Fils et croit en lui ait la vie éternelle »*

**En ce temps-là, Jésus disait aux foules : « Moi, je suis le pain de la vie. Celui qui vient à moi n'aura jamais faim; celui qui croit en moi n'aura jamais soif. Mais je vous l'ai déjà dit : vous avez vu, et pourtant vous ne croyez pas. Tous ceux que me donne le Père viendront jusqu'à moi; et celui qui vient à moi, je ne vais pas le jeter dehors. Car je suis descendu du ciel pour faire non pas ma volonté, mais la volonté de Celui qui m'a envoyé. Or, telle est la volonté de Celui qui m'a envoyé : que je ne perde aucun de ceux qu'il m'a donnés, mais que je les ressuscite au dernier jour. Telle est la volonté de mon Père : que celui qui voit le Fils et croit en lui ait la vie éternelle; et moi, je le ressusciterai au dernier jour. »**

### *Prière sur les offrandes*

Donne-nous, Seigneur, nous t'en prions, de toujours te rendre grâce par ces mystères de Pâques; qu'ils continuent l'œuvre de notre relèvement et deviennent pour nous une source intarissable de joie. Par le Christ, notre Seigneur. ***— Amen.***

*Préface du temps pascal, p. 227.*

### *Antienne de la communion*

Le Seigneur est ressuscité,
il nous a rachetés par son sang,
et nous remplit de sa lumière,
alléluia.

### *Prière après la communion*

Écoute nos prières, Seigneur : que cet échange très saint où l'homme est racheté nous soutienne durant la vie présente et nous procure les joies éternelles. Par le Christ, notre Seigneur.
**— *Amen.***

## INVITATION

Je réfléchis à un geste concret de sobriété.
Ce sera mon offrande du jour au Seigneur.

## COMMENTAIRE

### Le pain de la vie

Jean 6, 35-40

**« Du pain et des jeux », disaient les Romains. « Le pain et la vie », semble nous dire Jésus, lui qui est « le pain de la vie ». Le pain, c'est la nourriture quotidienne, la vie dans son aspect le plus ordinaire et commun ; il faut bien manger ! La vie, dans le sens employé ici par Jésus, évoque une plénitude, un débordement, un jaillissement éternel. Le pain de la vie, l'eucharistie, nous offre, sous l'apparence d'une humble nourriture, les prémices d'une vie sans cesse renouvelée. À nous de l'accueillir dans la foi.** ■

***Bertrand Lesoing,*** *prêtre de la communauté Saint-Martin*

# JEUDI 8 MAI 2025

**3E SEMAINE DE PÂQUES COULEUR LITURGIQUE : BLANC**

**Temps pascal,** *messe de la férie*

4 - 10

*Antienne d'ouverture*

**Chantons pour le Seigneur !**
**Éclatante est sa gloire !**
**Ma force et ma louange, c'est le Seigneur :**
**il est pour moi le salut, alléluia.** (Ex 15, 1-2)

*Prière*

Dieu éternel et tout-puissant, nous implorons avec plus de ferveur ta tendresse, en ce temps de Pâques où ta bonté nous l'a mieux fait connaître : ceux que tu as dégagés des ténèbres de l'erreur, fais-les adhérer plus fermement aux enseignements de ta vérité. Par Jésus… — ***Amen.***

## Lecture

du livre des Actes des Apôtres (8, 26-40)

*« Voici de l'eau : qu'est-ce qui empêche que je sois baptisé ? »*

En ces jours-là, l'ange du Seigneur adressa la parole à Philippe en disant : « Mets-toi en marche en direction du sud, prends la route qui descend de Jérusalem à Gaza ; elle est déserte. » Et Philippe se mit en marche. Or, un Éthiopien, un eunuque, haut fonctionnaire de Candace, la reine d'Éthiopie, et administrateur de tous ses trésors, était venu à Jérusalem pour adorer. Il en revenait, assis sur son char, et lisait le prophète Isaïe. L'Esprit dit à Philippe : « Approche, et rejoins ce char. » Philippe se mit à courir, et il entendit l'homme qui lisait le prophète Isaïe ; alors il lui demanda : « Comprends-tu ce que tu lis ? » L'autre lui répondit : « Et comment le pourrais-je s'il n'y a personne pour me guider ? » Il invita donc Philippe à monter et à s'asseoir à côté de lui. Le passage de l'Écriture qu'il lisait était celui-ci : *Comme une brebis, il fut conduit à l'abattoir ; comme un agneau muet devant le tondeur, il n'ouvre pas la bouche. Dans son humiliation, il n'a pas obtenu justice. Sa descendance, qui en parlera ? Car sa vie est retranchée de la terre.* Prenant la parole, l'eunuque dit à Philippe : « Dis-moi, je te prie : de qui le prophète parle-t-il ? De lui-même, ou bien d'un autre ? » Alors Philippe prit la parole et, à partir de ce passage de l'Écriture, il lui annonça la Bonne Nouvelle de Jésus.

Comme ils poursuivaient leur route, ils arrivèrent à un point d'eau, et l'eunuque dit : « Voici de l'eau : qu'est-ce qui empêche que je sois baptisé ? » Il fit arrêter le char, ils descendirent dans l'eau tous les deux, et Philippe baptisa l'eunuque. Quand ils furent remontés de l'eau, l'Esprit du Seigneur emporta Philippe ; l'eunuque ne le voyait plus, mais il poursuivait sa route, tout joyeux.

Philippe se retrouva dans la ville d'Ashdod, il annonçait la Bonne Nouvelle dans toutes les villes où il passait jusqu'à son arrivée à Césarée.

– Parole du Seigneur.

## Psaume 65 (66)

℟ ***Acclamez Dieu, toute la terre !***
OU ***Alléluia !***

Peuples, bénissez notre Dieu !
Faites retentir sa louange,
car il rend la vie à notre âme,
il a gardé nos pieds de la chute. ℟

Venez, écoutez, vous tous
qui craignez Dieu :
je vous dirai ce qu'il a fait pour mon âme ;
quand je poussai vers lui mon cri,
ma bouche faisait déjà son éloge. ℟

Béni soit Dieu
qui n'a pas écarté ma prière,
ni détourné de moi son amour ! ℟



### *Acclamation de l'Évangile*

***Alléluia. Alléluia.*** Moi, je suis le pain vivant qui est descendu du ciel, dit le Seigneur ; si quelqu'un mange de ce pain, il vivra éternellement. ***Alléluia.***

## Évangile de Jésus Christ

selon saint Jean (6, 44-51)

*« Moi, je suis le pain vivant, qui est descendu du ciel »*

En ce temps-là, Jésus disait aux foules : « Personne ne peut venir à moi, si le Père qui m'a envoyé ne l'attire*, et moi, je le ressusciterai au dernier jour. Il est écrit dans les prophètes : *Ils seront tous instruits par Dieu lui-même.* Quiconque a entendu le Père et reçu son enseignement vient à moi. Certes, personne n'a jamais vu le Père, sinon celui qui vient de Dieu :

celui-là seul a vu le Père. Amen, amen, je vous le dis : il a la vie éternelle, celui qui croit. Moi, je suis le pain de la vie. Au désert, vos pères ont mangé la manne, et ils sont morts ; mais le pain qui descend du ciel est tel que celui qui en mange ne mourra pas. Moi, je suis le pain vivant, qui est descendu du ciel : si quelqu'un mange de ce pain, il vivra éternellement. Le pain que je donnerai, c'est ma chair, donnée pour la vie du monde. »

### *Prière sur les offrandes*

Seigneur notre Dieu, dans l'admirable échange du sacrifice eucharistique, tu nous fais participer à ton unique et souveraine divinité ; nous avons reçu la connaissance de ta vérité : accorde-nous de lui être fidèles par toute notre vie. Par le Christ, notre Seigneur. — ***Amen.*** *Préface du temps pascal, p. 227.*

### *Antienne de la communion*

Le Christ est mort pour tous,
afin que les vivants n'aient plus
leur vie centrée sur eux-mêmes,
mais sur lui, qui est mort et ressuscité
pour eux, alléluia. (2 Co 5, 15)

### *Prière après la communion*

Dans ta bienveillance, reste auprès de ton peuple, nous t'en prions, Seigneur ; puisque tu l'as initié aux sacrements du ciel, fais-le passer de ce qui est ancien à la vie nouvelle. Par le Christ, notre Seigneur. — ***Amen.***

## INVITATION

Quelle va être ma prière pour la paix, en ce 80e anniversaire de la fin de la Seconde Guerre mondiale ?

## COMMENTAIRE

**Le présent éternel** Jean 6, 44-51

**« Il a la vie éternelle, celui qui croit » : la vie éternelle se conjugue au présent, pas au futur. Elle n'est pas une vague et lointaine promesse, elle est un don – un présent dans tous les sens du terme – à recevoir chaque jour. Derrière les ombres et la grisaille de cette vie, elle prend forme progressivement. Lorsque nous posons des gestes de réconciliation et de fraternité, lorsque nous semons l'espérance et témoignons de l'avènement du Royaume, nous accueillons en nous le don de la vie éternelle. ■**

***Bertrand Lesoing**, prêtre de la communauté Saint-Martin*



## ✻ CLÉ DE LECTURE

**« Ne l'attire »** Jean 6, 44 *(p. 61)*

**Ces versets, à la jointure de deux discours de Jésus sur « le pain de vie », invitent à méditer sur le mystère de la foi lié à celui de la personne de Jésus. C'est le Père, et lui seul, qui attire à lui quiconque se met à l'écoute de sa parole et apprend de lui (en grec : devient son disciple). Mais parce que l'être humain ne peut voir Dieu sans mourir, Jésus, l'Envoyé, se fait l'intermédiaire, le lieu de passage en sa Pâque, de la mort à la vie, vers le Père. Tout l'Évangile fait écho à ce qu'il dira à Philippe : « Celui qui m'a vu a vu le Père. » C'est par lui, le chemin, que chacun peut se laisser attirer vers Dieu. Et à ceux qui ne l'ont pas vu, il reste à le reconnaître dans l'humble partage du pain quotidien, devenu dans la foi action de grâce. ■**

***Roselyne Dupont-Roc**, bibliste*

# VENDREDI 9 MAI 2025

**3E SEMAINE DE PÂQUES COULEUR LITURGIQUE : BLANC**

**Temps pascal,** *messe de la férie*
*ou, en France,* **sainte Louise de Marillac**

### *Antienne d'ouverture*

**Il est digne, l'Agneau immolé, de recevoir puissance, divinité, sagesse, force et honneur, alléluia.** (cf. Ap 5, 12)

### *Prière*

Nous t'en prions, Dieu tout-puissant : puisque nous avons la grâce de connaître la résurrection du Seigneur, que ton Esprit d'amour nous ressuscite, nous aussi, à une vie nouvelle. Par Jésus… ***— Amen.***

## *Lecture*

du livre des Actes des Apôtres (9, 1-20)

*« Cet homme est l'instrument que j'ai choisi pour faire parvenir mon nom auprès des nations »*

En ces jours-là, Saul était toujours animé d'une rage meurtrière contre les disciples du Seigneur. Il alla trouver le grand prêtre et lui demanda des lettres pour les synagogues de Damas, afin que, s'il trouvait des hommes et des femmes qui suivaient le Chemin du Seigneur, il les amène enchaînés à Jérusalem. Comme il était en route et approchait de Damas, soudain une lumière venant du ciel l'enveloppa de sa clarté. Il fut précipité à terre ; il entendit une voix qui lui disait : « Saul,

Saul, pourquoi me persécuter ? » Il demanda : « Qui es-tu, Seigneur ? » La voix répondit : « Je suis Jésus, celui que tu persécutes. Relève-toi et entre dans la ville : on te dira ce que tu dois faire. » Ses compagnons de route s'étaient arrêtés, muets de stupeur : ils entendaient la voix, mais ils ne voyaient personne. Saul se releva de terre et, bien qu'il eût les yeux ouverts, il ne voyait rien. Ils le prirent par la main pour le faire entrer à Damas. Pendant trois jours, il fut privé de la vue et il resta sans manger ni boire. Or, il y avait à Damas un disciple nommé Ananie. Dans une vision, le Seigneur lui dit : « Ananie ! » Il répondit : « Me voici, Seigneur. » Le Seigneur reprit : « Lève-toi, va dans la rue appelée rue Droite, chez Jude : tu demanderas un homme de Tarse nommé Saul. Il est en prière, et il a eu cette vision : un homme, du nom d'Ananie, entrait et lui imposait les mains pour lui rendre la vue. » Ananie répondit : « Seigneur, j'ai beaucoup entendu parler de cet homme, et de tout le mal qu'il a fait subir à tes fidèles à Jérusalem. Il est ici, après avoir reçu de la part des grands prêtres le pouvoir d'enchaîner tous ceux qui invoquent ton nom. » Mais le Seigneur lui dit : « Va ! car cet homme est l'instrument que j'ai choisi pour faire parvenir mon nom auprès des nations, des rois et des fils d'Israël. Et moi, je lui montrerai tout ce qu'il lui faudra souffrir pour mon nom. » Ananie partit donc et entra dans la maison. Il imposa les mains à Saul, en disant : « Saul, mon frère, celui qui m'a envoyé, c'est le Seigneur, c'est Jésus qui t'est apparu sur le chemin par lequel tu venais. Ainsi, tu vas retrouver la vue, et tu seras rempli d'Esprit Saint. » Aussitôt tombèrent de ses yeux comme des écailles, et il retrouva la vue. Il se leva, puis il fut

baptisé. Alors il prit de la nourriture et les forces lui revinrent. Il passa quelques jours à Damas avec les disciples et, sans plus attendre, il proclamait Jésus dans les synagogues, affirmant que celui-ci est le Fils de Dieu.
– Parole du Seigneur.

## *Psaume* 116 (117)

℟ ***Allez dans le monde entier. Proclamez l'Évangile.***
*OU* ***Alléluia !***

Louez le Seigneur, tous les peuples ;
fêtez-le, tous les pays ! ℟

Son amour envers nous s'est montré le plus fort ;
éternelle est la fidélité du Seigneur ! ℟

### *Acclamation de l'Évangile*

***Alléluia. Alléluia.*** Qui mange ma chair et boit mon sang demeure en moi, et moi en lui, dit le Seigneur. ***Alléluia.***

## Évangile de Jésus Christ

selon saint Jean (6, 52-59)

*« Ma chair est la vraie nourriture, et mon sang est la vraie boisson »*

En ce temps-là, les Juifs se querellaient entre eux : « Comment celui-là peut-il nous donner sa chair à manger ? » Jésus leur dit alors : « Amen, amen, je vous le dis : si vous ne mangez pas la chair du Fils de l'homme, et si vous ne buvez pas son sang, vous n'avez pas la vie en vous. Celui qui mange ma chair* et boit mon sang a la vie éternelle ; et moi, je le ressusciterai au dernier jour. En effet, ma chair est la vraie nourriture, et mon sang est la vraie boisson. Celui qui mange ma chair et boit mon sang demeure en moi, et moi, je demeure en lui. De même que le Père, qui est vivant, m'a envoyé, et que moi je vis par le Père, de même celui qui me mange, lui aussi vivra par moi. Tel est le pain qui est descendu du ciel : il n'est pas comme celui que les pères ont mangé. Eux, ils sont morts ; celui qui mange ce pain vivra éternellement. » Voilà ce que Jésus a dit alors qu'il enseignait à la synagogue de Capharnaüm.



### *Prière sur les offrandes*

Dans ta bonté, sanctifie ces dons, nous t'en prions, Seigneur ; accepte le sacrifice spirituel que nous t'offrons, et fais de nous-mêmes une éternelle offrande pour toi. Par le Christ, notre Seigneur. — ***Amen.*** *Préface du temps pascal, p. 227.*

### *Antienne de la communion*

Le crucifié s'est relevé
d'entre les morts,
il nous a rachetés, alléluia.

### *Prière après la communion*

Seigneur, nous avons reçu le don de tes sacrements, et nous te prions humblement : ton Fils nous a demandé de les célébrer en mémoire de lui, qu'ils augmentent en nous la charité. Par le Christ, notre Seigneur. — ***Amen.***

## INVITATION

En cette fête de Louise de Marillac, je peux rendre grâce pour la vocation des Filles de la Charité, au service des plus petits.

## COMMENTAIRE

### Se laisser le temps

Jean 6, 52-59

**« Celui-là demeure en moi et moi je demeure en lui », nous dit aujourd'hui Jésus. « Demeurer » nous renvoie à l'idée d'une maison, d'un abri sûr. « Demeurer », c'est aussi rester en présence de quelqu'un, accepter de perdre du temps, de laisser place au silence. Entre amis ou en famille, il est des moments où nous n'avons plus grand-chose à nous dire. Nous avons alors à demeurer. La relation avec le Seigneur est à l'image de toute relation authentique : elle se construit sur le temps long. ■**

***Bertrand Lesoing**, prêtre de la communauté Saint-Martin*

## ❊ CLÉ DE LECTURE

### « Celui qui mange ma chair »

Jean 6, 54 *(p. 66)*

**Dans un contexte polémique autour du repas eucharistique, l'évangéliste adopte un réalisme provocateur : il utilise le verbe « croquer », ce qui scandalise les interlocuteurs jusqu'à induire la critique de cannibalisme primitif. Il faut l'affronter et en comprendre la force de signification symbolique. La pratique du « manger l'autre » renvoie au désir humain archaïque de s'approprier la force et la vitalité d'un autre. Mais elle est ici retournée, car il ne s'agit plus de se rendre maître de l'autre, mais au contraire de se laisser habiter, investir par lui dans ce qu'il a de plus fragile : son humanité. Demeurer dans le Christ, c'est le laisser demeurer en nous, prendre toute la place pour transfigurer nos vies en sa propre vie qu'il nous a donnée. ■**

***Roselyne Dupont-Roc**, bibliste*

# SAMEDI 10 MAI 2025

3E SEMAINE DE PÂQUES COULEUR LITURGIQUE : BLANC

**Temps pascal,** *messe de la férie*
*ou* **saint Jean d'Avila**

4 - 10

### *Antienne d'ouverture*

**Dans le baptême, vous avez été mis au tombeau avec le Christ
et vous êtes ressuscités avec lui par la foi en la force de Dieu
qui l'a ressuscité d'entre les morts, alléluia.**
(Col 2, 12)

### *Prière*

Seigneur Dieu, à la fontaine baptismale, tu as renouvelé ceux qui croient en toi ; protège ceux que tu as fait renaître dans le Christ pour les rendre victorieux contre les assauts de l'erreur, et les garder fidèles à la grâce de ta bénédiction. Par Jésus… ***— Amen.***

## *Lecture*

du livre des Actes des Apôtres (9, 31-42)

*« L'Église se construisait, réconfortée par l'Esprit Saint »*

**En ces jours-là, l'Église était en paix dans toute la Judée, la Galilée et la Samarie ; elle se construisait et elle marchait dans la crainte du Seigneur ; réconfortée par l'Esprit Saint, elle se multipliait. Or, il arriva que Pierre, parcourant tout le pays, se rendit aussi chez les fidèles qui habitaient Lod. Il y trouva un homme du nom d'Énéas, alité**

depuis huit ans parce qu'il était paralysé. Pierre lui dit : « Énéas, Jésus Christ te guérit, lève-toi et fais ton lit toi-même. » Et aussitôt il se leva. Alors tous les habitants de Lod et de la plaine de Sarone purent le voir, et ils se convertirent en se tournant vers le Seigneur.

Il y avait aussi à Jaffa une femme disciple du Seigneur nommée Tabitha, ce qui se traduit : Dorcas (c'est-à-dire : Gazelle). Elle était riche des bonnes œuvres et des aumônes qu'elle faisait. Or, il arriva en ces jours-là qu'elle tomba malade et qu'elle mourut. Après la toilette funèbre, on la déposa dans la chambre haute. Comme Lod est près de Jaffa, les disciples, apprenant que Pierre s'y trouvait, lui envoyèrent deux hommes avec cet appel : « Viens chez nous sans tarder. » Pierre se mit en route avec eux.

À son arrivée on le fit monter à la chambre haute. Toutes les veuves en larmes s'approchèrent de lui ; elles lui montraient les tuniques et les manteaux confectionnés par Dorcas quand celle-ci était avec elles. Pierre mit tout le monde dehors ; il se mit à genoux et pria ; puis il se tourna vers le corps, et il dit : « Tabitha, lève-toi ! » Elle ouvrit les yeux et, voyant Pierre, elle se redressa et s'assit. Pierre, lui donnant la main, la fit lever. Puis il appela les fidèles et les veuves et la leur présenta vivante. La chose fut connue dans toute la ville de Jaffa, et beaucoup crurent au Seigneur. – Parole du Seigneur.

## *Psaume* 115 (116B)

℟ ***Comment rendrai-je au Seigneur tout le bien qu'il m'a fait ?***
*OU* ***Alléluia !***

Comment rendrai-je au Seigneur
tout le bien qu'il m'a fait ?
J'élèverai la coupe du salut,
j'invoquerai le nom du Seigneur. ℟

Je tiendrai mes promesses au Seigneur,
oui, devant tout son peuple !
Il en coûte au Seigneur
de voir mourir les siens ! ℟

Ne suis-je pas, Seigneur, ton serviteur,
moi, dont tu brisas les chaînes ?
Je t'offrirai le sacrifice d'action de grâce,
j'invoquerai le nom du Seigneur. ℟

### *Acclamation de l'Évangile*

***Alléluia. Alléluia.*** Tes paroles, Seigneur, sont esprit et elles sont vie. Tu as les paroles de la vie éternelle. ***Alléluia.***

## *Évangile de Jésus Christ*

selon saint Jean (6, 60-69)

*« Seigneur, à qui irions-nous ? Tu as les paroles de la vie éternelle »*

**En ce temps-là, Jésus avait donné un enseignement dans la synagogue de Capharnaüm. Beaucoup de ses disciples, qui avaient entendu, déclarèrent : « Cette parole est rude ! Qui peut l'entendre ? » Jésus savait**

en lui-même que ses disciples récriminaient à son sujet. Il leur dit : « Cela vous scandalise ? Et quand vous verrez le Fils de l'homme monter là où il était auparavant !... C'est l'esprit qui fait vivre, la chair n'est capable de rien. Les paroles que je vous ai dites sont esprit et elles sont vie. Mais il y en a parmi vous qui ne croient pas. » Jésus savait en effet depuis le commencement quels étaient ceux qui ne croyaient pas, et qui était celui qui le livrerait. Il ajouta : « Voilà pourquoi je vous ai dit que personne ne peut venir à moi si cela ne lui est pas donné par le Père. » À partir de ce moment, beaucoup de ses disciples s'en retournèrent et cessèrent de l'accompagner. Alors Jésus dit aux Douze : « Voulez-vous partir, vous aussi ? » Simon-Pierre lui répondit : « Seigneur, à qui irons-nous ? Tu as les paroles de la vie éternelle. Quant à nous, nous croyons, et nous savons que tu es le Saint de Dieu. »

## *Prière sur les offrandes*

Reçois avec bonté les offrandes de ta famille, nous t'en prions, Seigneur, garde-la sous ta protection : qu'elle ne perde aucun des bienfaits déjà reçus, et parvienne aux dons éternels. Par le Christ, notre Seigneur. ***— Amen.***

*Préface du temps pascal, p. 227.*

## *Antienne de la communion*

Père, je te prie pour eux :
qu'ils soient un en nous,
eux aussi, pour que le monde
croie que tu m'as envoyé,
dit le Seigneur, alléluia.
(cf. Jn 17, 20-21)

*Prière après la communion*

Nous t'en prions, Seigneur, ne cesse pas de protéger avec tendresse ceux que tu as sauvés : la passion de ton Fils les a rachetés, qu'ils trouvent leur joie dans sa résurrection. Lui qui…

***— Amen.***



## INVITATION

C'est, ce soir, la Nuit des cathédrales. Quand est-ce que je suis entré dans la cathédrale de mon diocèse pour la dernière fois ?

## COMMENTAIRE

**La question de foi** Jean 6, 60-69

**« Voulez-vous partir, vous aussi ? » Que se cache-t-il derrière la question que Jésus adresse à ses disciples ? De la tristesse ? Un reproche ? Un brin de provocation ? Ou, peut-être, un appel à la confiance ? Car si la foi naît toujours d'une rencontre joyeuse et enthousiasmante avec le Seigneur, elle passe aussi par le creuset de la déception et de l'incompréhension. De ces situations de marasme peut aussi jaillir une réponse pleine de confiance : « Seigneur, à qui irions-nous ? Tu as les paroles de la vie éternelle. » ■**

***Bertrand Lesoing**, prêtre de la communauté Saint-Martin*

# DIMANCHE 11 MAI 2025

## 4E DIMANCHE DE PÂQUES

**ANNÉE C – COULEUR LITURGIQUE : BLANC**

*« Mes brebis écoutent ma voix. »* Jean 10, 27

© Catherine Chion

**L'Agneau est notre Pasteur.** Il ne fait pas de nous des moutons de Panurge mais des brebis heureuses d'écouter sa voix et de le suivre ; de coopérer à sa mission, chacun selon sa vocation. En célébrant celui qui nous conduit vers la vie, prions pour que se lèvent des artisans de paix et de charité, des témoins de la fête éternelle autour du trône de l'Agneau.

## RITES INITIAUX

*Chant d'entrée* (Suggestions p. 249)
*OU*
*Antienne d'ouverture*
La terre est remplie de l'amour du Seigneur;
il a fait les cieux par sa parole, alléluia.
(Ps 32, 5-6)

*Suggestion de préparation pénitentielle* (ou p. 219)
Le Seigneur veut nous faire vivre de sa vie, il fait de nous les enfants de Dieu. Demandons-lui de purifier nos cœurs, de raviver en nous la grâce du baptême.

Seigneur Jésus, tu es l'Agneau véritable offert en sacrifice par amour du monde, pardonne nos péchés, prends pitié de nous.
***— Prends pitié de nous.***
Ô Christ, tu es le seul Pasteur venu rassembler tous les hommes, éclaire nos chemins, prends pitié de nous.
***— Prends pitié de nous.***
Seigneur, tu es la source jaillissante de la vie éternelle, accorde-nous ta grâce, prends pitié de nous.
***— Prends pitié de nous.***

Que Dieu tout-puissant nous fasse miséricorde; qu'il nous pardonne nos péchés et nous conduise à la vie éternelle. ***— Amen.***

*Gloire à Dieu* *(p. 222)*

*Prière*
Dieu éternel et tout-puissant, guide-nous jusqu'au bonheur du ciel ; que le troupeau parvienne, malgré sa faiblesse, là où son Pasteur est entré victorieux. Lui qui… — ***Amen.***

## LITURGIE DE LA PAROLE

***Lecture*** du livre des Actes des Apôtres (13, 14.43-52)

*« Nous nous tournons vers les nations païennes »*

**En ces jours-là, Paul et Barnabé poursuivirent leur voyage au-delà de Pergé et arrivèrent à Antioche de Pisidie. Le jour du sabbat, ils entrèrent à la synagogue et prirent place. Une fois l'assemblée dispersée, beaucoup de Juifs et de convertis qui adorent le Dieu unique les suivirent. Paul et Barnabé, parlant avec eux, les encourageaient à rester attachés à la grâce de Dieu. Le sabbat suivant, presque toute la ville se rassembla pour entendre la parole du Seigneur. Quand les Juifs virent les foules, ils s'enflammèrent de jalousie ; ils contredisaient les paroles de Paul et l'injuriaient. Paul et Barnabé leur déclarèrent avec assurance : « C'est à vous d'abord qu'il était nécessaire d'adresser la parole de Dieu. Puisque vous la rejetez et que vous-mêmes ne vous jugez pas dignes de la vie éternelle, eh bien ! nous nous tournons vers les nations païennes. C'est**

le commandement que le Seigneur nous a donné : *J'ai fait de toi la lumière des nations pour que, grâce à toi, le salut parvienne jusqu'aux extrémités de la terre.* » En entendant cela, les païens étaient dans la joie et rendaient gloire à la parole du Seigneur ; tous ceux qui étaient destinés à la vie éternelle devinrent croyants. Ainsi la parole du Seigneur se répandait dans toute la région.
Mais les Juifs provoquèrent l'agitation parmi les femmes de qualité adorant Dieu, et parmi les notables de la cité ; ils se mirent à poursuivre Paul et Barnabé, et les expulsèrent de leur territoire. Ceux-ci secouèrent contre eux la poussière de leurs pieds et se rendirent à Iconium, tandis que les disciples étaient remplis de joie et d'Esprit Saint. – Parole du Seigneur.

## *Psaume* 99 (100)

℟ ***Nous sommes son peuple, son troupeau.*** *OU* ***Alléluia !***

*T. : AELF ; M. : B. Delattre ; Éd. : ADF.*

℟ ***Nous sommes son peuple, son troupeau.*** OU ***Alléluia !***

Acclamez le Seigneur, terre entière,
servez le Seigneur dans l'allégresse,
venez à lui avec des chants de joie ! ℟

Reconnaissez que le Seigneur est Dieu :
il nous a faits, et nous sommes à lui,
nous, son peuple, son troupeau. ℟

Oui, le Seigneur est bon,
éternel est son amour,
sa fidélité demeure d'âge en âge. ℟

Écoutez ce psaume sur **www.prionseneglise.fr/messe-du-dimanche**

## *Lecture* de l'Apocalypse de saint Jean (7, 9.14b-17)

*« L'Agneau sera leur pasteur pour les conduire aux sources des eaux de la vie »*

**Moi, Jean, j'ai vu : et voici une foule immense, que nul ne pouvait dénombrer, une foule de toutes nations, tribus, peuples et langues. Ils se tenaient debout devant le Trône et devant l'Agneau, vêtus de robes blanches, avec des palmes à la main. L'un des Anciens me dit : « Ceux-là viennent de la grande épreuve ; ils ont lavé leurs robes, ils les ont blanchies par le sang de l'Agneau. C'est pourquoi ils sont devant le trône de Dieu, et le servent, jour**

et nuit, dans son sanctuaire. Celui qui siège sur le Trône établira sa demeure chez eux. Ils n'auront plus faim, ils n'auront plus soif, ni le soleil ni la chaleur ne les accablera, puisque l'Agneau qui se tient au milieu du Trône sera leur pasteur pour les conduire aux sources des eaux de la vie. Et Dieu essuiera toute larme de leurs yeux. »
– Parole du Seigneur.

## *Acclamation de l'Évangile*

***Alléluia. Alléluia.*** Je suis, le bon pasteur, dit le Seigneur ; je connais mes brebis et mes brebis me connaissent. ***Alléluia.***

*IU 56-65 ; M. : P. Robert ; Bayard Liturgie.*

## *Évangile de Jésus Christ* selon saint Jean (10, 27-30)

*« À mes brebis, je donne la vie éternelle »*

**En ce temps-là, Jésus déclara : « Mes brebis écoutent ma voix ; moi, je les connais, et elles me suivent. Je leur donne la vie éternelle : jamais elles ne périront, et personne ne les arrachera de ma main. Mon Père, qui me les a données, est plus grand que tout, et personne ne peut les arracher de la main du Père. Le Père et moi, nous sommes UN. »**

### *Homélie*

### *Profession de foi* *(p. 223)*

### *Suggestion de prière universelle*

*Le prêtre* :
Le Père et moi, nous sommes UN, dit Jésus. C'est pourquoi nous prions le Père, par l'intercession du Ressuscité, et dans l'Esprit qui fait leur unité.

℟ ***Notre Père, notre Père, nous te supplions humblement.***

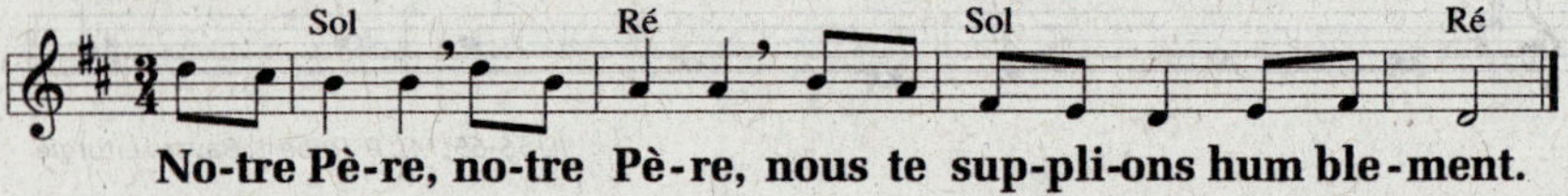


*B 4 Chalet ; T. et M. : anonyme.*

*Le diacre ou un lecteur :*

Pour que l'Esprit du Ressuscité guide chaque jour l'Église sur les chemins de la mission, prions ensemble. ℟

Pour que l'Agneau vainqueur révèle aux dirigeants de ce monde son royaume de justice et de paix, prions ensemble. ℟

Pour que le Christ, source de vie, réconforte les malades, les mourants, et tous les hommes en proie au doute, prions ensemble. ℟

Pour que le Bon Pasteur appelle des ouvriers pour la moisson et que tout baptisé réponde généreusement à sa vocation, en cette journée de prière pour les vocations, prions ensemble. ℟

*(Ces intentions seront adaptées ou modifiées selon les circonstances. On peut aussi s'inspirer de l'intention universelle du Saint-Père, p. 6.)*

*Le prêtre :*

Dieu très bon, toi qui nous donnes le Pasteur conduisant tous les hommes aux sources de la Vie, daigne exaucer la prière que nous t'adressons pour toute l'humanité. Par le Christ, notre Seigneur.

***— Amen.***

## LITURGIE EUCHARISTIQUE

### *Prière sur les offrandes*

Donne-nous, Seigneur, nous t'en prions, de toujours te rendre grâce par ces mystères de Pâques ; qu'ils continuent l'œuvre de notre relèvement et deviennent pour nous une source intarissable de joie. Par le Christ, notre Seigneur. — ***Amen.***

### *Prière eucharistique* *(Préface du temps pascal, p. 227)*

### *Chant de communion* *(Suggestions p. 249)*

*OU*

### *Antienne de la communion*

Le bon pasteur est ressuscité, lui qui a donné sa vie pour ses brebis, lui qui a choisi de mourir pour son troupeau, alléluia.

### *Prière après la communion*

Seigneur, Pasteur plein de bonté, regarde avec bienveillance ton troupeau ; tu l'as racheté par le sang précieux de ton Fils : ouvre-lui les pâturages de la vie éternelle. Par le Christ, notre Seigneur. — ***Amen.***

## RITE DE CONCLUSION

### *Bénédiction solennelle* *(p. 38)* *et envoi*

**COMMENTAIRE DU DIMANCHE**

**Jonathan Guilbault,**
directeur éditorial de *Prions en Église* Canada

# Écoute attentive

Écouter est à la fois l'une des actions les plus simples à effectuer et l'une des plus complexes. La difficulté réside dans le fait que l'écoute n'est pas toujours perçue comme une « action » en soi : elle donne plutôt l'impression de ne rien faire, d'être passif, en attente d'une autre activité. En témoignent ces nombreuses personnes qui regardent des séries télévisées tout en parcourant distraitement le contenu que leur téléphone intelligent leur propose comme loisir complémentaire.

Pourtant, la vie spirituelle repose avant tout sur l'écoute, dans son sens le plus actif. À Antioche, Paul et Barnabé parviennent à capter l'attention de certains, tandis que d'autres se ferment volontairement à leur message. Jésus, de son côté, insiste sur le fait que ses brebis, celles à qui il donne la vie éternelle, sont •••

••• précisément celles qui écoutent sa voix, celle du Pasteur et du Fils unique du Père.
Il est courant de se dire croyant tout en réduisant la parole de Dieu à un simple bruit de fond. On l'entend juste assez pour se conforter dans son identité de chrétien, mais jamais suffisamment pour se laisser interpeller par ses exigences d'amour ou ses appels à une profonde conversion intérieure.
Or, la conversation que Dieu souhaite entretenir avec nous n'a rien de comparable à une musique d'ambiance. Elle exige une attention entière, comme lorsque l'on prête une oreille attentive à un ami cher venu nous confier des choses importantes. Se rendre pleinement disponible à cette écoute, c'est entrer dans une relation d'intimité, de communion avec Dieu, où chaque mot peut devenir une source de vie et de renouvellement.

Qu'est-ce qui, dans ma vie, fait trop souvent distraction ?
Quelle place la parole de Dieu occupe-t-elle dans mon quotidien : bruit de fond ou dialogue actif ? ■

Prions en Église
junior

LIRE L'ÉVANGILE AVEC LES ENFANTS

## CE QUE JE DÉCOUVRE

Au temps de Jésus, le métier de berger était très répandu. Aussi, quand Jésus dit qu'il est un bon berger et que nous sommes ses brebis bien-aimées, tous ceux qui l'écoutent peuvent comprendre combien **nous sommes précieux pour lui !** Si nous écoutons la voix de Jésus notre berger, c'est-à-dire **si nous écoutons sa parole,** si nous faisons silence pour écouter sa présence au fond de nos cœurs, **il veille sur nous.** Nous sommes « dans sa main ». Et être dans sa main, c'est être aussi dans la main de Dieu son Père, qui est notre Père.

## CE QUE JE VIS

Avec qui te sens-tu écouté ?
As-tu quelque chose de précieux que quelqu'un t'a offert ?
**Dessine une grande main et place-la dans ton coin prière.**
**Sur cette main, écris ton prénom.**
**Puis dis : « Jésus, je suis dans ta main. »**

Texte : Guillemine Tiberghien. Illustrations : Marcelino Truong

11 - 17

**MÉDITATION BIBLIQUE**

**4E DIMANCHE DE PÂQUES**

Évangile selon saint Jean 10, 27-30

# Sous le signe de la relation

**L'évangile est particulièrement bref et donc propice à la mémorisation. L'expérience nous apprend en effet que la Parole ruminée, « gardée », est tout à la fois nourriture, remède, lieu d'une expérience de la présence de Dieu, tremplin pour une relation toujours plus profonde.**

## Le temps de la préparation

**« Seigneur, à qui irions-nous ? Tu as les paroles de la vie éternelle. » (Jn 6, 68)**

## Le temps de l'observation

Relation du Berger à ses brebis, relation du Père et du Fils : comment mieux faire percevoir aux auditeurs que la foi naît, croît et s'accomplit dans la sphère de la relation ? Il ne s'agit pas d'abord de s'approprier des dogmes ou une morale, mais de s'exposer à la « voix » du Berger – pas d'autre moyen pour les disciples de le connaître. Cette voix vient rejoindre chacun personnellement : « Je connais mes brebis », affirme Jésus, et les brebis le reconnaissent. De fait, dès que la créature humaine « commence à exister, une sorte de germe est déposé » en elle « qui possède en lui-même le principe interne de l'amour » (saint Basile, *Grandes règles monastiques).* Cette connaissance renvoie à la connaissance que le Père et le Fils ont l'un de l'autre (Jn 10, 15) et à l'union de leur volonté pour offrir à ceux qui s'ouvrent à ce don, la vie en plénitude : « Le Père et moi, nous sommes UN. »

## Le temps de la méditation

Plusieurs pistes s'ouvrent à nous, dont celle qui nous invite à réfléchir à notre relation à Dieu et à nos relations ecclésiales. Si la première nous personnalise – et tel est le critère de son authenticité –, la seconde peut être aliénante lorsque nous confondons unité et unicité, lorsque nous vivons la communauté comme un « on » déresponsabilisant ou une sorte d'entité dans laquelle toute particularité s'avère menaçante. Plus notre relation à Dieu s'approfondit, plus nous découvrons combien nous sommes aimés et uniques, quels sont nos dons et nos limites propres. Ce qui nous conduit à apprivoiser notre solitude et à la découvrir habitée par la présence de Dieu, étape incontournable pour accéder à une vraie communion avec autrui. Plus nous nous enracinons en Dieu plus nous devenons capables de vivre un « nous » composé de « je » à part entière. Et c'est cette « unanimité […] dans l'émerveillement, […] dans la liberté qui crée le lien le plus puissant et le plus merveilleux » (M. Zundel).

## Le temps de la prière

**« Oui, le Seigneur est bon,**
**éternel est son amour. »**
**(Ps 99, 5)** ■

**Emmanuelle Billoteau,**
ermite

LE SAINT DU MOIS

11 MAI : SAINT MAÏEUL DE CLUNY (VERS 910-994)

# Artisan du renouveau

Un jour de 1808, Alphonse de Lamartine se rendit « jusqu'à l'ancienne abbaye de Cluny, qui était jadis si belle et qui n'est presque plus qu'une ruine », un « édifice fameux par tant de grands hommes qui y ont vécu ». Le poète pensait sans nul doute aux premiers abbés de Cluny qui, à partir du Xe siècle, œuvrèrent au redressement de la vie monastique, alors en pleine décadence en Occident. Parmi eux figurait saint Maïeul, son quatrième abbé. Né en Provence, il avait étudié et enseigné à Mâcon et à Lyon. En 942, il se vit proposer le siège d'archevêque de Besançon, mais refusa pour entrer à la jeune abbaye bénédictine de Cluny (71). Il savait que, forts de l'indépendance que leur conférait la charte de fondation, les abbés Odon puis Aymard avaient entrepris une tâche urgente et magnifique : redonner toute sa dignité à la vie monastique en la recentrant sur la prière liturgique et communautaire. Après avoir secondé Aymard, Maïeul lui succéda comme abbé en 954. Il allait le rester durant quarante ans ! Il se mit à beaucoup voyager, visitant les prieurés existants et restaurant la Règle de saint Benoît dans de nombreux monastères qui se voyaient alors affiliés à l'ordre de Cluny. Les bonnes relations que Maïeul entretenait avec les empereurs et les rois lui permirent d'étendre la réforme clunisienne à toute l'Europe. Mais ces déplacements n'étaient pas sans risque : en juillet 972, l'abbé, de retour d'Italie, fut capturé dans les Alpes par des bandits sarrasins qui ne le libérèrent que contre une forte rançon. En 994, bien que très âgé, il accéda à la demande expresse du roi Hugues Capet de venir réformer l'abbaye de Saint-Denis. Mais il n'alla pas plus loin que le prieuré de Souvigny (03), où Dieu le rappela à lui. Le culte de cet homme pieux, courageux et cultivé, démarra rapidement et son tombeau fut, durant plusieurs siècles, un important lieu de pèlerinage. ■

**Xavier Lecœur,** journaliste et historien

## UN SAINT POUR AUJOURD'HUI

Oublié de beaucoup, saint Maïeul a retrouvé une actualité depuis 2016. Le diocèse de Moulins propose chaque année, au printemps, un « pèlerinage pour la paix » jusqu'à Souvigny. Une procession des reliques de saint Maïeul et de son successeur saint Odilon y est organisée (voir p. 287).

# LUNDI 12 MAI 2025

4E SEMAINE DE PÂQUES COULEUR LITURGIQUE : BLANC

**Temps pascal,** *messe de la férie*
*ou* **saint Pancrace,**
*ou* **saints Nérée et Achille**

### *Antienne d'ouverture*

**Ressuscité d'entre les morts, le Christ ne meurt plus ;**
**sur lui, la mort n'a plus de pouvoir, alléluia.** (Rm 6, 9)

### *Prière*

Seigneur Dieu, parfaite lumière des bienheureux, tu nous as donné de célébrer sur la terre les mystères de Pâques ; nous t'en prions, accorde-nous la joie de ta grâce en plénitude dans les siècles éternels. Par Jésus… — ***Amen.***

## *Lecture*

du livre des Actes des Apôtres (11, 1-18)

*« Ainsi donc, même aux nations,*
*Dieu a donné la conversion qui fait entrer dans la vie ! »*

En ces jours-là, les Apôtres et les frères qui étaient en Judée avaient appris que les nations, elles aussi, avaient reçu la parole de Dieu. Lorsque Pierre fut de retour à Jérusalem, ceux qui étaient juifs d'origine le prirent à partie, en disant : « Tu es entré chez des hommes qui ne sont pas circoncis, et tu as mangé avec eux ! » Alors Pierre reprit l'affaire depuis le commencement et leur exposa tout dans l'ordre, en disant : « J'étais dans la ville de Jaffa, en train de prier, et voici la vision que j'ai eue dans une extase : c'était un objet qui descendait. On aurait dit une grande toile tenue aux quatre coins ; venant du ciel, elle se posa près de moi. Fixant les yeux sur elle, je l'examinai et je vis les quadrupèdes de la terre, les bêtes sauvages, les reptiles et les oiseaux du ciel. J'entendis une voix qui me disait : "Debout, Pierre, offre-les en sacrifice, et mange !" Je répondis : "Certainement pas, Seigneur ! Jamais aucun aliment interdit ou impur n'est entré dans ma bouche." Une deuxième fois, du haut du ciel la voix répondit : "Ce que Dieu a déclaré pur, toi, ne le déclare pas interdit." Cela se produisit par trois fois, puis tout fut remonté au ciel. Et voici qu'à l'instant même, devant la maison où j'étais, survinrent trois hommes qui m'étaient envoyés de Césarée. L'Esprit me dit d'aller avec eux sans hésiter. Les six frères qui sont ici m'ont accompagné, et nous sommes entrés chez le centurion Corneille. Il nous raconta comment il avait vu l'ange se tenir dans sa maison et dire : "Envoie quelqu'un à Jaffa pour chercher Simon surnommé Pierre. Celui-ci t'adressera des paroles par lesquelles tu seras sauvé, toi et toute ta maison." Au moment où je prenais la parole, l'Esprit Saint descendit sur ceux qui étaient là, comme il était descendu sur nous au commencement. Alors je me suis rappelé la parole que le Seigneur avait dite : "Jean a baptisé avec l'eau, mais vous, c'est dans l'Esprit Saint que vous serez baptisés." Et si Dieu leur a fait le même don qu'à nous, parce qu'ils ont cru au Seigneur Jésus Christ, qui étais-je, moi, pour empêcher l'action de Dieu ? » En entendant ces paroles, ils se calmèrent et ils rendirent gloire à Dieu, en disant : « Ainsi donc, même aux nations, Dieu a donné la conversion qui fait entrer dans la vie ! »

– Parole du Seigneur.

LUNDI 12 MAI 2025

## *Psaume* 41 (42) ; 42 (43)

℟ ***Mon âme a soif de Dieu, le Dieu vivant.***
OU ***Alléluia !***

Comme un cerf altéré
cherche l'eau vive,
ainsi mon âme te cherche
toi, mon Dieu. ℟

Mon âme a soif de Dieu,
le Dieu vivant ;
quand pourrai-je m'avancer,
paraître face à Dieu ? ℟

Envoie ta lumière et ta vérité :
qu'elles guident mes pas
et me conduisent à ta montagne sainte,
jusqu'en ta demeure. ℟

J'avancerai jusqu'à l'autel de Dieu,
vers Dieu qui est toute ma joie ;
je te rendrai grâce avec ma harpe,
Dieu, mon Dieu. ℟

### *Acclamation de l'Évangile*

***Alléluia. Alléluia.*** Je suis le bon pasteur, dit le Seigneur ; je connais mes brebis et mes brebis me connaissent. ***Alléluia.***

## *Évangile de Jésus Christ*

selon saint Jean (10, 1-10)

*« Moi, je suis la porte des brebis »*

**En ce temps-là, Jésus déclara : « Amen, amen, je vous le dis : celui qui entre dans l'enclos des brebis sans passer par la porte, mais qui escalade par un autre endroit, celui-là est un voleur et un bandit. Celui qui**

entre par la porte, c'est le pasteur, le berger des brebis. Le portier lui ouvre, et les brebis écoutent sa voix. Ses brebis à lui, il les appelle chacune par son nom, et il les fait sortir. Quand il a poussé dehors toutes les siennes, il marche à leur tête, et les brebis le suivent, car elles connaissent sa voix. Jamais elles ne suivront un étranger, mais elles s'enfuiront loin de lui, car elles ne connaissent pas la voix des étrangers. »
Jésus employa cette image pour s'adresser aux pharisiens, mais eux ne comprirent pas de quoi il leur parlait. C'est pourquoi Jésus reprit la parole : « Amen, amen, je vous le dis : Moi, je suis la porte des brebis. Tous ceux qui sont venus avant moi sont des voleurs et des bandits ; mais les brebis ne les ont pas écoutés. Moi, je suis la porte. Si quelqu'un entre en passant par moi, il sera sauvé ; il pourra entrer ; il pourra sortir et trouver un pâturage. Le voleur ne vient que pour voler, égorger, faire périr. Moi, je suis venu pour que les brebis aient la vie, la vie en abondance. »



## *Prière sur les offrandes*

Accueille, nous t'en prions, Seigneur, les dons de ton Église en fête ; tu es pour elle à l'origine d'un si grand bonheur : qu'il s'épanouisse en joie éternelle. Par le Christ, notre Seigneur. **— *Amen.***

*Préface du temps pascal, p. 227.*

## *Antienne de la communion*

Jésus, debout au milieu
des disciples, leur dit :
« La paix soit avec vous »,
alléluia. (Jn 20, 19)

# LUNDI 12 MAI 2025

*Prière après la communion*
Regarde avec bonté, Seigneur, nous t'en prions, le peuple que tu as rénové par tes sacrements ; accorde-nous de parvenir à la vie incorruptible lorsque notre chair ressuscitera dans la gloire. Par le Christ, notre Seigneur. — ***Amen.***

## INVITATION

À l'occasion du festival de Cannes, je peux me renseigner sur les derniers lauréats du prix œcuménique. Ils peuvent nourrir ma foi.

## COMMENTAIRE

**Relation personnelle**

Jean 10, 1-10

**Si le Bon Berger connaît ses brebis, les appelle et vient pour qu'elles aient la vie, il ne force pas la porte des consciences, à la différence du voleur qui entre par effraction. Bien plutôt, il suscite une relation éminemment personnelle, éloignée de toutes pressions qui relèveraient de l'idéologie, de la captation pour soi. Un critère de discernement qui suppose d'exercer son écoute en se familiarisant avec ce qui rend le son de l'Évangile et, donc, de se laisser habiter par lui !** ■

***Emmanuelle Billoteau,*** *ermite*

# MARDI 13 MAI 2025

**4E SEMAINE DE PÂQUES COULEUR LITURGIQUE : BLANC**

**Temps pascal,** *messe de la férie*
*ou* **bienheureuse Vierge Marie de Fatima,** *voir p. 99*

### *Antienne d'ouverture*

**Soyons dans la joie, exultons, et rendons gloire à Dieu ! Il règne, le Seigneur notre Dieu, le Souverain de l'univers, alléluia.** (Ap 19, 7.6)

### *Prière*

Dieu tout-puissant, nous t'en prions : alors que nous célébrons le mystère de la résurrection du Seigneur, accorde-nous d'accueillir la joie de notre rédemption. Lui qui… — ***Amen.***



## *Lecture*

du livre des Actes des Apôtres (11, 19-26)

*« Certains s'adressaient aux gens de langue grecque pour leur annoncer la Bonne Nouvelle »*

**En ces jours-là, les frères dispersés par la tourmente qui se produisit lors de l'affaire d'Étienne allèrent jusqu'en Phénicie, puis à Chypre et Antioche, sans annoncer la Parole à personne d'autre qu'aux Juifs. Parmi eux, il y en avait qui étaient originaires de Chypre et de Cyrène, et qui, en arrivant à Antioche, s'adressaient aussi aux gens de langue grecque pour leur annoncer la Bonne Nouvelle : Jésus est le Seigneur. La main du Seigneur était avec eux : un grand nombre de**

gens devinrent croyants et se tournèrent vers le Seigneur. La nouvelle parvint aux oreilles de l'Église de Jérusalem, et l'on envoya Barnabé jusqu'à Antioche. À son arrivée, voyant la grâce de Dieu à l'œuvre, il fut dans la joie. Il les exhortait tous à rester d'un cœur ferme attachés au Seigneur. C'était en effet un homme de bien, rempli d'Esprit Saint et de foi. Une foule considérable s'attacha au Seigneur. Barnabé partit alors à Tarse chercher Saul. L'ayant trouvé, il l'amena à Antioche. Pendant toute une année, ils participèrent aux assemblées de l'Église, ils instruisirent une foule considérable. Et c'est à Antioche que, pour la première fois, les disciples reçurent le nom de « chrétiens ». – Parole du Seigneur.

## *Psaume* 86 (87)

℟ ***Louez le Seigneur, tous les peuples !***
*OU* ***Alléluia !***

Elle est fondée sur les montagnes saintes.
Le Seigneur aime les portes de Sion
plus que toutes les demeures de Jacob.
Pour ta gloire on parle de toi, ville de Dieu ! ℟

« Je cite l'Égypte et Babylone
entre celles qui me connaissent. »
Voyez Tyr, la Philistie, l'Éthiopie :
chacune est née là-bas.

Mais on appelle Sion : « Ma mère ! »
car en elle, tout homme est né.
C'est lui, le Très-Haut, qui la maintient. ℟

Au registre des peuples, le Seigneur écrit :
« Chacun est né là-bas. »
Tous ensemble ils dansent, et ils chantent :
« En toi, toutes nos sources ! » ℟

### *Acclamation de l'Évangile*

***Alléluia. Alléluia.*** Mes brebis écoutent ma voix, dit le Seigneur ; moi, je les connais, et elles me suivent. ***Alléluia.***

## Évangile de Jésus Christ

selon saint Jean (10, 22-30)

*« Le Père et moi, nous sommes UN »*

On célébrait la fête de la dédicace du Temple à Jérusalem. C'était l'hiver. Jésus allait et venait dans le Temple, sous la colonnade de Salomon. Les Juifs firent cercle autour de lui; ils lui disaient : « Combien de temps vas-tu nous tenir en haleine ? Si c'est toi le Christ, dis-le nous ouvertement ! » Jésus leur répondit : « Je vous l'ai dit, et vous ne croyez pas. Les œuvres que je fais, moi, au nom de mon Père, voilà ce qui me rend témoignage. Mais vous, vous ne croyez pas, parce que vous n'êtes pas de mes brebis. Mes brebis écoutent ma voix; moi, je les connais, et elles me suivent. Je leur donne la vie éternelle : jamais elles ne périront, et personne ne les arrachera de ma main. Mon Père, qui me les a données, est plus grand que tout, et personne ne peut les arracher de la main du Père. Le Père et moi, nous sommes UN. »

11 - 17

### *Prière sur les offrandes*

Donne-nous, Seigneur, nous t'en prions, de toujours te rendre grâce par ces mystères de Pâques ; qu'ils continuent l'œuvre de notre relèvement et deviennent pour nous une source intarissable de joie. Par le Christ, notre Seigneur. ***— Amen.***

*Préface du temps pascal, p. 227.*

*Antienne de la communion*
Il fallait que le Christ connaisse la souffrance et ressuscite d'entre les morts pour entrer dans sa gloire, alléluia.
(cf. Lc 24, 46.26)

*Prière après la communion*
Écoute nos prières, Seigneur : que cet échange très saint où l'homme est racheté nous soutienne durant la vie présente et nous procure les joies éternelles. Par le Christ, notre Seigneur.
— ***Amen.***

## INVITATION

Je pourrais participer à une messe, aujourd'hui, pour la fête de Notre-Dame de Fatima, et répondre à son appel à prier et à faire pénitence.

## COMMENTAIRE

**Façonnés par la confiance** Jean 10, 22-30

**L'évangile nous invite à contempler l'unité du Père et du Fils, dans un contexte de questionnement sur l'identité de Jésus. Nous apprenons que, disciples du Christ et connus de lui, nous sommes dans la « main du Père » dont nul ne peut nous arracher. Mais comment concilier cette affirmation de foi avec l'état du monde et l'insécurité qui en découle ? Peut-être en laissant la voix du Fils façonner en nous la confiance et l'espérance de ce qui n'est pas encore pleinement advenu (cf. Rm 8, 25) ? ■**

***Emmanuelle Billoteau,*** *ermite*

# *Bienheureuse Vierge Marie de Fatima*

**Couleur liturgique : blanc**

*Le 13 mai 1917, trois enfants faisaient paître un petit troupeau, à Fatima, au Portugal. Après avoir récité le chapelet à l'heure du midi, Lucie, François et Jacinthe ont vu une lumière brillante puis, au sommet d'un petit chêne vert, une « Dame, plus brillante que le soleil ». Le message de Notre-Dame de Fatima à ces « tout-petits » et à nous-mêmes a été un appel à prier et à faire pénitence.*

## *Antienne d'ouverture*

Tu as changé mon deuil en une danse ; Seigneur, tu m'as comblée de joie, alléluia. (cf. Ps 29, 12)

## *Prière*

Seigneur Dieu, tu as voulu que la Mère de ton Fils soit aussi notre Mère ; accorde-nous de persévérer dans la pénitence et la prière pour le salut du monde ; puissions-nous devenir ainsi, de jour en jour, des artisans efficaces du royaume du Christ. Lui qui…
**— *Amen.***

## *Prière sur les offrandes*

Reçois, Père très saint, l'humble offrande que nous te présentons dans la joie, en célébrant la mémoire de la bienheureuse Vierge Marie ; fais qu'en nous unissant au sacrifice du Christ, nous recevions la consolation dès maintenant et le salut pour l'éternité. Par le Christ, notre Seigneur. **— *Amen.***

## *Antienne de la communion*

Réjouis-toi, Vierge Mère, car le Christ s'est relevé du tombeau, alléluia.

## *Prière après la communion*

Réconfortés par les sacrements de Pâques, nous t'en prions, Seigneur, fais que, célébrant la mémoire de la Mère de ton Fils, nous manifestions dans notre chair vouée à la mort la vie de Jésus. Lui qui… **— *Amen.***

# MERCREDI 14 MAI 2025

COULEUR LITURGIQUE : ROUGE

**Saint Matthias**

*(Ier siècle). Apôtre du Seigneur. Il fut élu pour compléter le collège des Douze après la trahison de Judas.*

## *Antienne d'ouverture*

**Ce n'est pas vous qui m'avez choisi, dit le Seigneur, c'est moi qui vous ai choisis, afin que vous alliez, que vous portiez du fruit, et que votre fruit demeure, alléluia.** (Jn 15, 16)

## *Gloire à Dieu* *(p. 222)*

## *Prière*

Seigneur Dieu, tu as agrégé le bienheureux Matthias au collège des Apôtres ; accorde-nous, à sa prière, de nous réjouir du choix de ton amour et d'être comptés parmi tes élus. Par Jésus… ***– Amen.***

*Lectures propres à la fête de saint Matthias.*

## Lecture

du livre des Actes des Apôtres (1, 15-17.20-26)

*« Le sort tomba sur Matthias, qui fut donc associé par suffrage aux onze Apôtres »*

En ces jours-là, Pierre se leva au milieu des frères qui étaient réunis au nombre d'environ cent vingt personnes, et il déclara : « Frères, il fallait que l'Écriture s'accomplisse. En effet, par la bouche de David,

l'Esprit Saint avait d'avance parlé de Judas, qui en est venu à servir de guide aux gens qui ont arrêté Jésus : ce Judas était l'un de nous et avait reçu sa part de notre ministère. Il est écrit au livre des Psaumes : *Que son domaine devienne un désert, et que personne n'y habite,* et encore : *Qu'un autre prenne sa charge.* Or, il y a des hommes qui nous ont accompagnés durant tout le temps où le Seigneur Jésus a vécu parmi nous, depuis le commencement, lors du baptême donné par Jean, jusqu'au jour où il fut enlevé d'auprès de nous. Il faut donc que l'un d'entre eux devienne, avec nous, témoin de sa résurrection. » On en présenta deux : Joseph appelé Barsabbas, puis surnommé Justus, et Matthias. Ensuite, on fit cette prière : « Toi, Seigneur, qui connais tous les cœurs, désigne lequel des deux tu as choisi pour qu'il prenne, dans le ministère apostolique, la place que Judas a désertée en allant à la place qui est désormais la sienne. » On tira au sort entre eux, et le sort tomba sur Matthias, qui fut donc associé par suffrage aux onze Apôtres.
– Parole du Seigneur.



## *Psaume* 112 (113)

℟ ***Le Seigneur l'a placé parmi les princes de son peuple.***
OU ***Alléluia !***

Louez, serviteurs du Seigneur,
louez le nom du Seigneur !
Béni soit le nom du Seigneur,
maintenant et pour les siècles des siècles ! ℟

Du levant au couchant du soleil,
loué soit le nom du Seigneur !
Le Seigneur domine tous les peuples,
sa gloire domine les cieux. ℟

Qui est semblable au Seigneur notre Dieu ?
Lui, il siège là-haut.
Mais il abaisse son regard
vers le ciel et vers la terre. ℟

De la poussière il relève le faible,
il retire le pauvre de la cendre
pour qu'il siège parmi les princes,
parmi les princes de son peuple. ℟

### *Acclamation de l'Évangile*

***Alléluia. Alléluia.*** C'est moi qui vous ai choisis du milieu du monde, afin que vous alliez, que vous portiez du fruit, et que votre fruit demeure, dit le Seigneur. ***Alléluia.***

## *Évangile de Jésus Christ*

selon saint Jean (15, 9-17)

*« Ce n'est pas vous qui m'avez choisi, c'est moi qui vous ai choisis »*

En ce temps-là, Jésus disait à ses disciples : « Comme le Père m'a aimé, moi aussi je vous ai aimés. Demeurez dans mon amour. Si vous gardez mes commandements, vous demeurerez dans mon amour, comme moi, j'ai gardé les commandements de mon Père, et je demeure dans son amour. Je vous ai dit cela pour que ma joie soit en vous, et que votre joie soit parfaite. Mon commandement, le voici : Aimez-vous les uns les autres comme je vous ai aimés. Il n'y a pas de plus grand amour que de donner sa vie pour ceux qu'on aime. Vous êtes mes amis si vous faites ce que je vous commande. Je ne vous appelle plus serviteurs, car le serviteur ne sait pas ce que fait son maître ; je vous appelle mes amis*, car tout ce que j'ai entendu de mon Père, je vous l'ai fait connaître. Ce n'est pas vous qui m'avez choisi, c'est moi qui vous ai choisis et établis afin que vous alliez, que vous portiez du fruit, et que votre fruit demeure. Alors, tout ce que vous demanderez au Père en mon nom, il vous le donnera. Voici ce que je vous commande : c'est de vous aimer les uns les autres. »

### *Prière sur les offrandes*

Reçois, Seigneur, l'offrande que ton Église te présente avec respect en la fête du bienheureux Matthias, et donne-nous d'y trouver la force par la puissance de ta grâce. Par le Christ, notre Seigneur. — ***Amen.***

*Préface des Apôtres, p. 230.*

### *Antienne de la communion*

Voici mon commandement,
dit le Seigneur :
aimez-vous les uns les autres
comme je vous ai aimés,
alléluia.
(Jn 15, 12)

### *Prière après la communion*

Ne cesse pas, Seigneur, de combler ta famille de tes bienfaits : accorde-nous, à la prière du bienheureux Matthias, d'avoir part à l'héritage des saints dans la lumière. Par le Christ, notre Seigneur. — ***Amen.***



## INVITATION

Aujourd'hui, quel service puis-je rendre à quelqu'un, gratuitement ?

## COMMENTAIRE

### Une vie donnée pour la joie

Jean 15, 9-17

En cette fête d'Apôtre, la liturgie nous invite à méditer sur la primauté de Dieu. C'est lui qui a l'initiative de venir à nous, de nous associer à son dessein de salut. Si l'enjeu est la joie, celle-ci passe par la porte parfois « étroite » d'une vie « donnée ». Ce qui ne peut advenir sans le secours de l'Esprit, « amour répandu en nos cœurs » (Rm 5, 5), et se concrétise dans l'accomplissement des « commandements » qui nous gardent d'en rester au flou et au seul sentiment. ■ *Emmanuelle Billoteau, ermite*

## ✲ CLÉ DE LECTURE

### « Je vous appelle mes amis »

Jean 15, 15 *(p. 102)*

« Aux amis tout est commun », dit l'adage stoïcien. Jésus lui fait écho dans ce titre inouï offert aux disciples : « Je vous appelle amis. » Amis et non pas esclaves ou serviteurs ! Mais le paradoxe est flagrant : Jésus vient de laver les pieds de ses disciples comme seuls les serviteurs le font, et il a ajouté : « Le serviteur n'est pas plus grand que son maître. » Lui, l'envoyé, l'aimé de Dieu, il s'est fait serviteur, esclave. Il montre ainsi à ses disciples, et à tous ceux qui voudront le suivre, que l'amitié la plus haute, l'amour qui unit le Père et le Fils et qu'ils sont invités à partager, est d'abord service : elle consiste à faire passer l'autre avant soi, à « déposer sa vie », pour se mettre à l'écoute de l'autre, lui aussi aimé de Dieu.. ■

*Roselyne Dupont-Roc, bibliste*

# JEUDI 15 MAI 2025

4E SEMAINE DE PÂQUES COULEUR LITURGIQUE : BLANC

**Temps pascal,** *messe de la férie*

*Antienne d'ouverture*

**Dieu, quand tu sortis en avant de ton peuple,**
**quand tu marchas dans le désert,**
**la terre trembla ; les cieux même fondirent**
**devant la face de Dieu, alléluia.** (Ps 67, 8-9)

*Prière*

Seigneur Dieu, tu relèves la nature humaine bien au-dessus de sa condition originelle ; souviens-toi de l'ineffable mystère de ton amour : garde en ta grâce et ta bénédiction ceux que le sacrement de la nouvelle naissance a régénérés. Par Jésus… ***— Amen.***

11 - 17

## Lecture

du livre des Actes des Apôtres (13, 13-25)

*« De la descendance de David, Dieu a fait sortir un sauveur : c'est Jésus »*

Quittant l'île de Chypre pour l'Asie Mineure, Paul et ceux qui l'accompagnaient s'embarquèrent à Paphos et arrivèrent à Pergé en Pamphylie. Mais Jean-Marc les abandonna pour s'en retourner à Jérusalem. Quant à eux, ils poursuivirent leur voyage au-delà de Pergé et arrivèrent à Antioche de Pisidie. Le jour du sabbat, ils entrèrent à la synagogue et prirent place. Après la lecture de la Loi et des Prophètes, les chefs de la synagogue leur envoyèrent dire : « Frères, si vous avez une parole d'exhortation pour le peuple, parlez. » Paul se leva, fit un signe de la main et dit : « Israélites, et vous aussi qui craignez Dieu, écoutez : Le Dieu de ce peuple, le Dieu d'Israël a choisi nos pères ; il a fait grandir son peuple pendant le séjour en Égypte et il l'en a fait sortir à bras étendu. Pendant une quarantaine d'années, il les a supportés au désert et, après avoir exterminé tour à tour sept nations au pays de Canaan, il a partagé pour eux ce pays en héritage. Tout cela dura environ quatre cent cinquante ans. Ensuite, il leur a donné des juges, jusqu'au prophète Samuel. Puis ils demandèrent un roi, et Dieu leur donna Saül, fils de Kish, homme de la tribu de Benjamin, pour quarante années. Après l'avoir rejeté, Dieu a, pour eux, suscité David comme roi, et il lui a rendu ce témoignage : *J'ai trouvé David, fils de Jessé ; c'est un homme selon mon cœur qui réalisera toutes mes volontés.* De la descendance de David, Dieu, selon la promesse, a fait sortir un sauveur pour Israël* : c'est Jésus, dont Jean le Baptiste a préparé l'avènement en proclamant avant lui un baptême de conversion pour tout le peuple d'Israël. Au moment d'achever sa course, Jean disait : "Ce que vous pensez que je suis, je ne le suis pas. Mais le voici qui vient après moi, et je ne suis pas digne de retirer les sandales de ses pieds." »

– Parole du Seigneur.

## *Psaume* 88 (89)

℟ ***Ton amour, Seigneur, sans fin je le chante !***
OU ***Alléluia !***

L'amour du Seigneur, sans fin je le chante ;
ta fidélité, je l'annonce d'âge en âge.
Je le dis : C'est un amour bâti pour toujours ;
ta fidélité est plus stable que les cieux. ℟

« J'ai trouvé David, mon serviteur,
je l'ai sacré avec mon huile sainte ;
et ma main sera pour toujours avec lui,
mon bras fortifiera son courage. ℟

« Mon amour et ma fidélité sont avec lui,
mon nom accroît sa vigueur ;
Il me dira : "Tu es mon Père,
mon Dieu, mon roc et mon salut !" » ℟



### *Acclamation de l'Évangile*

***Alléluia. Alléluia.*** Jésus Christ, témoin fidèle, premier-né d'entre les morts, tu nous aimes, et par ton sang tu nous délivres du péché. ***Alléluia.***

## *Évangile de Jésus Christ*

selon saint Jean (13, 16-20)

*« Si quelqu'un reçoit celui que j'envoie, il me reçoit moi-même »*

Après avoir lavé les pieds de ses disciples, Jésus parla ainsi : « Amen, amen, je vous le dis : un serviteur n'est pas plus grand que son maître, ni un envoyé plus grand que celui qui l'envoie. Sachant cela, heureux êtes-vous, si vous le faites. Ce n'est pas de vous tous que je parle. Moi, je sais quels sont ceux que j'ai choisis, mais il faut que s'accomplisse l'Écriture : *Celui qui mange le pain avec moi m'a frappé du talon.* Je vous dis ces choses dès maintenant, avant qu'elles n'arrivent ; ainsi, lorsqu'elles arriveront, vous croirez que moi, Je suis. Amen, amen, je vous le dis : si quelqu'un reçoit celui que j'envoie, il me reçoit moi-même ; et celui qui me reçoit, reçoit Celui qui m'a envoyé. »

### *Prière sur les offrandes*

Que nos prières montent vers toi, Seigneur, avec ces offrandes pour le sacrifice ; dans ta bonté, purifie-nous, et nous serons mieux préparés au sacrement de ton amour infini. Par le Christ, notre Seigneur. **— *Amen.***

*Préface du temps pascal, p. 227.*

### *Antienne de la communion*

Je suis avec vous tous les jours,
jusqu'à la fin du monde,
alléluia.
(Mt 28, 20)

### *Prière après la communion*

Dieu éternel et tout-puissant, dans la résurrection du Christ, tu nous recrées pour la vie éternelle ; multiplie en nous les fruits du sacrement pascal : répands en nos cœurs la force de cette nourriture qui apporte le salut. Par le Christ, notre Seigneur. **— *Amen.***

## INVITATION

Et si je priais pour les Polonais qui vont élire leur président dimanche prochain ?

## COMMENTAIRE

### Le risque d'aimer

Jean 13, 16-20

« Heureux » sommes-nous si nous savons nous situer en vérité par rapport à Dieu et à autrui. Dans le contexte du lavement des pieds, nous comprenons qu'il n'y a pas d'autre chemin que celui de Jésus. Ce qui constitue un véritable défi, car il s'agit d'être en cohérence avec l'appel reçu, de choisir le parti de la vie, du respect de l'altérité d'autrui, sans craindre la différence, la trahison, des arrachements – en bref, de prendre le risque d'aimer sans attendre de retour. ■ *Emmanuelle Billoteau, ermite*

## ⁂ CLÉ DE LECTURE

### « Un sauveur pour Israël »

Actes 13, 23 *(p. 106)*

Dans la synagogue d'Antioche de Pisidie, devant des Juifs et des craignants-Dieu, Paul est invité à prendre la parole. Le bref récit qu'il fait de l'histoire d'Israël culmine sur l'élection de David que Dieu a « suscité » : le verbe traduit ainsi signifie « réveiller » et connote la résurrection ; de la descendance de David surgira Jésus, sauveur d'Israël. La comparaison avec le chant de Zacharie (Lc 1, 63) est éclairante : de la maison de David, Dieu a suscité une force de salut ; le vocabulaire est le même ! Ainsi Luc s'empare-t-il des résumés de l'histoire du salut que connaissait le judaïsme, pour y lire le temps de l'attente et de la préparation de la venue de Jésus, et montrer que la foi chrétienne accomplit les promesses de Dieu à Israël. ■

*Roselyne Dupont-Roc, bibliste*

# VENDREDI 16 MAI 2025

**4E SEMAINE DE PÂQUES COULEUR LITURGIQUE : BLANC**

**Temps pascal,** *messe de la férie*

*Antienne d'ouverture*

**Tu nous as rachetés par ton sang, Seigneur, de toute tribu, langue, peuple et nation : tu as fait de nous pour notre Dieu un royaume et des prêtres, alléluia.** (cf. Ap 5, 9-10)

*Prière*

Seigneur Dieu, à toi nous devons le salut et la liberté ; écoute la voix de ceux qui te supplient ; tu les as rachetés par le sang de ton Fils : qu'ils puissent vivre de toi et se réjouir de trouver en toi un abri pour toujours. Par Jésus… — ***Amen.***

## Lecture

du livre des Actes des Apôtres (13, 26-33)

*« La promesse, Dieu l'a pleinement accomplie en ressuscitant Jésus »*

**En ces jours-là, Paul vint à Antioche de Pisidie. Dans la synagogue, il disait : « Vous, frères, les fils de la lignée d'Abraham et ceux parmi vous qui craignent Dieu, c'est à nous que la parole du salut a été envoyée. En effet, les habitants de Jérusalem et leurs chefs ont méconnu Jésus, ainsi que les paroles des prophètes qu'on lit chaque sabbat ; or, en le jugeant, ils les ont accomplies. Sans avoir trouvé en lui aucun motif de condamnation à mort, ils ont demandé à Pilate qu'il soit supprimé. Et, après avoir**

accompli tout ce qui était écrit de lui, ils l'ont descendu du bois de la croix et mis au tombeau. Mais Dieu l'a ressuscité d'entre les morts. Il est apparu pendant bien des jours à ceux qui étaient montés avec lui de Galilée à Jérusalem, et qui sont maintenant ses témoins devant le peuple. Et nous, nous vous annonçons cette Bonne Nouvelle : la promesse faite à nos pères, Dieu l'a pleinement accomplie pour nous, leurs enfants, en ressuscitant Jésus, comme il est écrit au psaume deux : *Tu es mon fils ; moi, aujourd'hui, je t'ai engendré.* »

– Parole du Seigneur.

## *Psaume* 2



℟ ***Tu es mon fils ; moi, aujourd'hui, je t'ai engendré.***
OU ***Alléluia !***

Pourquoi ce tumulte des nations,
ce vain murmure des peuples ?
Le Seigneur m'a dit : « Tu es mon fils ;
moi, aujourd'hui, je t'ai engendré. ℟

« Demande, et je te donne
en héritage les nations,
pour domaine la terre tout entière.
Tu les détruiras de ton sceptre de fer,
tu les briseras comme un vase de potier. » ℟

Maintenant, rois, comprenez,
reprenez-vous, juges de la terre.
Servez le Seigneur avec crainte,
rendez-lui votre hommage en tremblant. ℟

### *Acclamation de l'Évangile*

***Alléluia. Alléluia.*** Moi, je suis le Chemin, la Vérité et la Vie, dit le Seigneur. Personne ne va vers le Père sans passer par moi. ***Alléluia.***

## *Évangile de Jésus Christ*

selon saint Jean (14, 1-6)

*« Moi, je suis le Chemin, la Vérité et la Vie »*

**En ce temps-là, Jésus disait à ses disciples : « Que votre cœur ne soit pas bouleversé : vous croyez en Dieu, croyez aussi en moi. Dans la maison de mon Père, il y a de nombreuses demeures ; sinon, vous aurais-je dit : "Je pars vous préparer une place" ? Quand je serai parti vous préparer une place, je reviendrai et je vous emmènerai auprès de moi, afin que là où je suis, vous soyez, vous aussi. Pour aller où je vais, vous savez le chemin. » Thomas lui dit : « Seigneur, nous ne savons pas où tu vas. Comment pourrions-nous savoir le chemin ? » Jésus lui répond : « Moi, je suis le Chemin, la Vérité et la Vie ; personne ne va vers le Père sans passer par moi. »**

### *Prière sur les offrandes*

Reçois avec bonté les offrandes de ta famille, nous t'en prions, Seigneur, garde-la sous ta protection : qu'elle ne perde aucun des bienfaits déjà reçus, et parvienne aux dons éternels. Par le Christ, notre Seigneur. **— *Amen.***

*Préface du temps pascal, p. 227.*

### *Antienne de la communion*

Le Christ, notre Seigneur,
livré pour nos fautes,
est ressuscité pour nous rendre justes,
alléluia.
(cf. Rm 4, 25)

### *Prière après la communion*

Nous t'en prions, Seigneur, ne cesse pas de protéger avec tendresse ceux que tu as sauvés : la passion de ton Fils les a rachetés, qu'ils trouvent leur joie dans sa résurrection. Lui qui…
***— Amen.***

## INVITATION

Je peux m'associer à la prière des pèlerins du Pèlerinage militaire international, qui se réunissent aujourd'hui à Lourdes, jusqu'à dimanche (voir p. 134).



## COMMENTAIRE

### Des cœurs troublés

Jean 14, 1-6

**Le « cœur » des disciples est bouleversé à l'annonce du départ de Jésus. Autant dire qu'ils sont ébranlés à l'intime de leur être, de leurs convictions. Ce trouble a droit de cité dans un parcours de foi. De fait, notre relation au Christ, si elle est vivante, ne peut être étale. Comme eux, écoutons Jésus qui nous invite à un sursaut de confiance, nous incite à inscrire les événements dans la perspective de la « demeure du Père » où chacun, dans sa particularité, pourra trouver la vie.** ■

***Emmanuelle Billoteau,** ermite*

# SAMEDI 17 MAI 2025

4[E] SEMAINE DE PÂQUES COULEUR LITURGIQUE : BLANC

**Temps pascal**, *messe de la férie*

*Antienne d'ouverture*

**Peuple racheté par Dieu, vous tous,**
**annoncez les merveilles de celui qui vous a appelés des ténèbres**
**à son admirable lumière, alléluia.** (cf. 1 P 2, 9)

*Prière*

Seigneur Dieu, durant ces fêtes pascales, tu procures au monde, dans ta bonté, les secours venant du ciel ; que ton pardon accompagne l'Église, afin que par sa conduite en ce temps elle progresse vers la vie éternelle. Par Jésus… ***— Amen.***

## Lecture

du livre des Actes des Apôtres (13, 44-52)

*« Eh bien ! nous nous tournons vers les nations païennes »*

**Le sabbat qui suivait la première prédication de Paul à Antioche de Pisidie, presque toute la ville se rassembla pour entendre la parole du Seigneur. Quand les Juifs virent les foules, ils s'enflammèrent de jalousie ; ils contredisaient les paroles de Paul et l'injuriaient. Paul et Barnabé leur déclarèrent avec assurance : « C'est à vous d'abord qu'il était nécessaire d'adresser la parole de Dieu. Puisque vous la rejetez et que vous-mêmes ne vous jugez pas dignes de la vie éternelle, eh bien ! nous nous tournons**

vers les nations païennes. C'est le commandement que le Seigneur nous a donné : *J'ai fait de toi la lumière des nations* pour que, grâce à toi, le salut parvienne jusqu'aux extrémités de la terre.* » En entendant cela, les païens étaient dans la joie et rendaient gloire à la parole du Seigneur ; tous ceux qui étaient destinés à la vie éternelle devinrent croyants. Ainsi la parole du Seigneur se répandait dans toute la région. Mais les Juifs provoquèrent l'agitation parmi les femmes de qualité adorant Dieu, et parmi les notables de la cité ; ils se mirent à poursuivre Paul et Barnabé, et les expulsèrent de leur territoire. Ceux-ci secouèrent contre eux la poussière de leurs pieds et se rendirent à Iconium, tandis que les disciples étaient remplis de joie et d'Esprit Saint.
– Parole du Seigneur.



## *Psaume* 97 (98)

℟ ***La terre tout entière a vu le salut que Dieu nous donne.***
*ou*
***Alléluia !***

Chantez au Seigneur un chant nouveau,
car il a fait des merveilles ;
par son bras très saint, par sa main puissante,
il s'est assuré la victoire. ℟

Le Seigneur a fait connaître sa victoire,
et révélé sa justice aux nations ;
il s'est rappelé sa fidélité, son amour,
en faveur de la maison d'Israël. ℟

La terre tout entière a vu
la victoire de notre Dieu.
Acclamez le Seigneur, terre entière,
sonnez, chantez, jouez ! ℟

*Acclamation de l'Évangile*

***Alléluia. Alléluia.*** Si vous demeurez dans ma parole, vous êtes vraiment mes disciples ; alors vous connaîtrez la vérité, dit le Seigneur. ***Alléluia.***

## *Évangile de Jésus Christ*

selon saint Jean (14, 7-14)

*« Celui qui m'a vu a vu le Père »*

En ce temps-là, Jésus disait à ses disciples : « Puisque vous me connaissez, vous connaîtrez aussi mon Père. Dès maintenant vous le connaissez, et vous l'avez vu. » Philippe lui dit : « Seigneur, montre-nous le Père ; cela nous suffit. » Jésus lui répond : « Il y a si longtemps que je suis avec vous, et tu ne me connais pas, Philippe ! Celui qui m'a vu a vu le Père. Comment peux-tu dire : "Montre-nous le Père" ? Tu ne crois donc pas que je suis dans le Père et que le Père est en moi ! Les paroles que je vous dis, je ne les dis pas de moi-même ; le Père qui demeure en moi fait ses propres œuvres. Croyez-moi : je suis dans le Père, et le Père est en moi ; si vous ne me croyez pas, croyez du moins à cause des œuvres elles-mêmes. Amen, amen, je vous le dis : celui qui croit en moi fera les œuvres que je fais. Il en fera même de plus grandes, parce que je pars vers le Père, et tout ce que vous demanderez en mon nom, je le ferai, afin que le Père soit glorifié dans le Fils. Quand vous me demanderez quelque chose en mon nom, moi, je le ferai. »

### *Prière sur les offrandes*

Dans ta bonté, sanctifie ces dons, nous t'en prions, Seigneur ; accepte le sacrifice spirituel que nous t'offrons, et fais de nous-mêmes une éternelle offrande pour toi. Par le Christ, notre Seigneur. **– *Amen.***

*Préface du temps pascal, p. 227.*

### *Antienne de la communion*

Père, ceux que tu m'as donnés,
je veux que là où je suis,
ils soient eux aussi avec moi,
et qu'ils contemplent ma gloire,
celle que tu m'as donnée,
alléluia.
(Jn 17, 24)

### *Prière après la communion*

Seigneur, nous avons reçu les dons qui nous ont fait participer aux saints mystères, et nous te prions humblement : ton Fils nous a demandé de les célébrer en mémoire de lui, qu'ils augmentent en nous la charité. Par le Christ, notre Seigneur. **– *Amen.***



### INVITATION

En ce jour de la béatification de Camille Costa Beauregard,
je peux me réjouir avec le diocèse de Chambéry.

# SAMEDI 17 MAI 2025

## COMMENTAIRE

**Renversant** Jean 14, 7-14

**Jésus renverse toutes nos représentations de Dieu. Spontanément, il nous est difficile de le concevoir sous les traits du serviteur qui lave les pieds de ses disciples ou du crucifié qui donne sa vie par amour. « Qui m'a vu a vu le Père. » Jamais nous n'en aurons fini de comprendre et de vivre les implications d'une telle révélation : dans notre relation à Dieu, à nous-mêmes et aux autres. De quoi en appeler à l'Esprit qui, seul, peut nous conduire vers la vérité tout entière. ■**

***Emmanuelle Billoteau**, ermite*

## ❊ CLÉ DE LECTURE

**« La lumière des nations »** Actes 13, 47 *(p. 115)*

**Les Apôtres reprennent ici les paroles de Syméon, appliquant à Jésus enfant la prophétie universaliste d'Isaïe (Is 49, 6 ; Lc 2, 32). Même si le récit des Actes fait du refus de certains Juifs la cause immédiate de la mission de Paul aux païens, il rappelle que Dieu s'est adressé d'abord au peuple d'Israël et lui a confié d'être lumière du salut pour tous les peuples. Les Apôtres ne font que s'inscrire dans cette mission, reprenant à leur compte ce que le prophète avait déjà proclamé : une annonce de salut, qui, partant d'Israël, doit atteindre jusqu'aux extrémités de la terre. Dans la suite des Actes, les obstacles et les refus viendront aussi bien des païens ; mais rien n'arrêtera la Parole, que Paul prisonnier continuera à proclamer sans entrave (Ac 28, 31) ! ■**

***Roselyne Dupont-Roc**, bibliste*

# DIMANCHE 18 MAI 2025

## 5E DIMANCHE DE PÂQUES

**ANNÉE C - COULEUR LITURGIQUE : BLANC**

*« À ceci, tous reconnaîtront que vous êtes mes disciples : si vous avez de l'amour les uns pour les autres. »* Jean 13, 35





**L'amour en héritage,** voilà ce qui nous caractérise : le Christ nous a aimés jusqu'à donner sa vie, il nous demande, à notre tour, d'aimer nos frères. « Comme je vous ai aimés, aimez-vous les uns les autres. » Tel est le cœur de notre foi, elle ne va pas sans charité ni sans espérance du ciel nouveau et de la terre nouvelle que célèbre déjà notre eucharistie.

## RITES INITIAUX

***Chant d'entrée*** *(Suggestions p. 249)*

*OU*

***Antienne d'ouverture***

Chantez au Seigneur un chant nouveau, car il a fait des merveilles ; aux nations, il a révélé sa justice, alléluia. (cf. Ps 97, 1-2)

***Suggestion de préparation pénitentielle*** *(ou p. 219)*

Frères et sœurs, le Seigneur nous appelle à aimer comme il nous a aimés. En toute confiance, demandons-lui pardon pour tous nos manquements à l'amour.

Seigneur Jésus, visage de la tendresse du Père, fais-nous miséricorde. Kyrie, eleison.

***— Kyrie, eleison.***

Ô Christ, Serviteur glorifié pour attirer tous les hommes, donne-nous la paix. Christe, eleison.

***— Christe, eleison.***

Seigneur, amour parfait, source de vie, établis ta demeure en nos cœurs. Kyrie, eleison.

***— Kyrie, eleison.***

Que Dieu tout-puissant nous fasse miséricorde ; qu'il nous pardonne nos péchés et nous conduise à la vie éternelle. ***— Amen.***

*(On peut aussi prendre le rite de l'aspersion, p. 221.)*

*Gloire à Dieu* *(p. 222)*

*Prière*

Dieu éternel et tout-puissant, continue d'accomplir en nous le mystère pascal ; soutiens et protège ceux que tu as voulu renouveler dans le saint baptême : qu'ils portent beaucoup de fruits et parviennent aux joies de la vie éternelle. Par Jésus… — ***Amen.***

## LITURGIE DE LA PAROLE

### *Lecture* du livre des Actes des Apôtres (14, 21b-27)

*« Ayant réuni l'Église, ils rapportèrent tout ce que Dieu avait fait avec eux »*

**En ces jours-là, Paul et Barnabé, retournèrent à Lystres, à Iconium et à Antioche de Pisidie ; ils affermissaient le courage des disciples ; ils les exhortaient à persévérer dans la foi, en disant : « Il nous faut passer par bien des épreuves pour entrer dans le royaume de Dieu. » Ils désignèrent des Anciens pour chacune de leurs Églises et, après avoir prié et jeûné, ils confièrent au Seigneur ces hommes qui avaient mis leur foi en lui. Ils traversèrent la Pisidie et se rendirent en Pamphylie. Après avoir annoncé la Parole aux gens de Pergé, ils descendirent au port d'Attalia, et s'embarquèrent pour Antioche de Syrie, d'où ils étaient partis ; c'est là qu'ils avaient été remis à la grâce de Dieu pour l'œuvre qu'ils avaient accomplie.**

Une fois arrivés, ayant réuni l'Église, ils rapportèrent tout ce que Dieu avait fait avec eux, et comment il avait ouvert aux nations la porte de la foi.
– Parole du Seigneur.

## Psaume 144 (145)

℟ ***Mon Dieu, mon Roi, je bénirai ton nom toujours et à jamais !***
*OU* ***Alléluia !***

*T. : AELF; M. : J.-P. Hervy; Éd. : ADF.*

Le Seigneur est tendresse et pitié,
lent à la colère et plein d'amour ;
la bonté du Seigneur est pour tous,
sa tendresse, pour toutes ses œuvres. ℟
Que tes œuvres, Seigneur, te rendent grâce

**Écoutez ce psaume sur www.prionseneglise.fr/messe-du-dimanche**

Que tes œuvres, Seigneur, te rendent grâce
et que tes fidèles te bénissent !
Ils diront la gloire de ton règne,
ils parleront de tes exploits. ℟

Ils annonceront aux hommes tes exploits,
la gloire et l'éclat de ton règne :
ton règne, un règne éternel,
ton empire, pour les âges des âges. ℟

## *Lecture* de l'Apocalypse de saint Jean (21, 1-5a)

*« Il essuiera toute larme de leurs yeux »*

**Moi, Jean, j'ai vu un ciel nouveau et une terre nouvelle, car le premier ciel et la première terre s'en étaient allés et, de mer, il n'y en a plus. Et la Ville sainte, la Jérusalem nouvelle, je l'ai vue qui descendait du ciel, d'auprès de Dieu, prête pour les noces, comme une épouse parée pour son mari. Et j'entendis une voix forte qui venait du Trône. Elle disait : « Voici la demeure de Dieu avec les hommes ; il demeurera avec eux, et ils seront ses peuples, et lui-même, Dieu avec eux, sera leur Dieu. Il essuiera toute larme de leurs yeux, et la mort ne sera plus, et il n'y aura plus ni deuil, ni cri, ni douleur : ce qui était en premier s'en est allé. »**
**Alors celui qui siégeait sur le Trône déclara : « Voici que je fais toutes choses nouvelles. »** – Parole du Seigneur.

## *Acclamation de l'Évangile*

***Alléluia. Alléluia.*** Je vous donne un commandement nouveau, dit le Seigneur : « Aimez-vous les uns les autres, comme je vous ai aimés. » ***Alléluia.***

*IU 56-65; M. : P. Robert; Bayard Liturgie.*

## Évangile de Jésus Christ selon saint Jean (13, 31-33a.34-35)

*« Je vous donne un commandement nouveau : c'est de vous aimer les uns les autres »*

**Au cours du dernier repas que Jésus prenait avec ses disciples, quand Judas fut sorti du cénacle, Jésus déclara : « Maintenant le Fils de l'homme est glorifié, et Dieu est glorifié en lui. Si Dieu est glorifié en lui, Dieu aussi le glorifiera ; et il le glorifiera bientôt. Petits enfants, c'est pour peu de temps encore que je suis avec vous.**

Je vous donne un commandement nouveau : c'est de vous aimer les uns les autres. Comme je vous ai aimés, vous aussi aimez-vous les uns les autres. À ceci, tous reconnaîtront que vous êtes mes disciples : si vous avez de l'amour les uns pour les autres. »

## *Homélie*

## *Profession de foi* *(p. 223)*

## *Suggestion de prière universelle*

*Le prêtre :*

« Ils confièrent au Seigneur ces hommes qui avaient mis leur foi en lui. » À notre tour, prions pour nos frères et sœurs, que Dieu leur révèle son amour.

℟ ***Dieu de tendresse, souviens-toi de nous.***

*Y 55 SM.*

*Le diacre ou un lecteur :*

Dieu fait sa demeure là où se montre son amour. Pour que l'Église annonce l'amour du Père en portant la Parole à tous les hommes, Seigneur, nous te prions. ℟

℟ ***Dieu de tendresse, souviens-toi de nous.***

Dieu est amour, Dieu est lumière. Pour que l'Esprit inspire aux grands dirigeants de ce monde le désir de la justice et les conditions d'une paix durable, Seigneur, nous te prions. ℟

Dieu veut essuyer toute larme de nos yeux. Pour que la Parole console ceux qui sont dans la peine et ouvre un avenir meilleur à ceux qui souffrent, Seigneur, nous te prions. ℟

Dieu s'est révélé en son Fils qu'il a glorifié auprès de lui. Pour que nous soyons fidèles à notre baptême et que nous annoncions la gloire du Royaume, Seigneur, nous te prions. ℟

*(Ces intentions seront adaptées ou modifiées selon les circonstances. On peut aussi s'inspirer de l'intention universelle du Saint-Père, p. 6.)*

*Le prêtre :* Seigneur notre Dieu, toi dont la bonté est pour tous, entends nos prières. Redis ton amour inlassable à tous tes enfants. Par le Christ, notre Seigneur. ***– Amen.***

## LITURGIE EUCHARISTIQUE

### *Prière sur les offrandes*

Seigneur notre Dieu, dans l'admirable échange du sacrifice eucharistique, tu nous fais participer à ton unique et souveraine divinité ; nous avons reçu la connaissance de ta vérité : accorde-nous de lui être fidèles par toute notre vie. Par le Christ, notre Seigneur. ***– Amen.***

***Prière eucharistique*** *(Préface du temps pascal, p. 227)*

***Chant de communion*** *(Suggestions p. 249)*
*OU*
***Antienne de la communion***
Je suis la vraie vigne, et vous, les sarments, dit le Seigneur.
Celui qui demeure en moi et en qui je demeure,
celui-là porte beaucoup de fruit, alléluia.
(Jn 15, 1.5)

***Prière après la communion***
Dans ta bienveillance, reste auprès de ton peuple, nous t'en prions, Seigneur ; puisque tu l'as initié aux sacrements du ciel, fais-le passer de ce qui est ancien à la vie nouvelle. Par le Christ, notre Seigneur.
***— Amen.***

## RITE DE CONCLUSION

***Bénédiction solennelle***
En ressuscitant son Fils unique, Dieu vous a accordé le bienfait de la rédemption, il a fait de vous ses enfants : qu'il vous donne la joie de sa bénédiction.
***— Amen.***

Du Rédempteur, vous avez reçu d'être libres à jamais : qu'il vous accorde aussi d'avoir part à l'héritage éternel.
***— Amen.***
Par la foi au Christ, dans le baptême vous êtes déjà ressuscités ; par la droiture de votre vie présente, puissiez-vous mériter de lui être unis dans la patrie du ciel.
***— Amen.***
Et que la bénédiction de Dieu tout-puissant, le Père, et le Fils, ✠ et le Saint-Esprit, descende sur vous et y demeure toujours.
***— Amen.***

### *Envoi*

**COMMENTAIRE DU DIMANCHE**

**Marie-Caroline Bustarret,** théologienne,
enseignante aux facultés Loyola Paris

# Le temps d'aimer

« Aimez-vous les uns les autres. » Ces paroles nous sont si familières que nous ne les questionnons plus. Mais sommes-nous si sûrs d'être capables d'aimer comme Jésus nous y invite ? Dans le texte de ce jour, l'appel à aimer survient juste après l'annonce de la trahison de Judas ; le rapprochement entre le récit de la trahison et les paroles de Jésus défait nos certitudes.

Regardons Judas : sa collaboration tragique à l'histoire de Jésus montre qu'il n'a pas été en mesure d'aimer suffisamment pour surmonter ce qui l'a finalement conduit à trahir son ami. L'amour qu'il a reçu de Jésus même n'a pas suffi à susciter chez lui ce sentiment en retour. Ce jour-là, pour Judas, aimer est devenu impossible. Si, après le départ de Judas, Jésus se met à parler •••

••• d'amour à ses amis ne serait-ce pas parce qu'il perçoit en eux autant de failles et de faiblesses qu'en Judas ? Ne réalise-t-il pas alors combien aimer est difficile pour nous ? Découvrant qu'à tout moment un ami peut se retourner contre un ami pour le livrer à la mort, Jésus lègue ce simple message : ce n'est qu'à l'amour dont nous ferons preuve que nous serons reconnus comme ses disciples.
Pas à nos discours ni à nos valeurs, mais juste à notre amour pour les autres sans présager de l'identité de ces derniers. Tout « autre » mérite d'être aimé, même un Judas.

Quelles peurs en moi pourraient m'amener à refuser le message du Christ, à le « trahir » ?

Qui voudrais-je aimer mieux en ce moment,
dans ma communauté, en famille, au travail, ou ailleurs ? ■

Prions en Eglise junior

## LIRE L'ÉVANGILE AVEC LES ENFANTS

## CE QUE JE DÉCOUVRE

C'est le dernier repas de Jésus avec ses disciples. Judas est parti le dénoncer. **Jésus dit qu'il va mourir, mais aussi qu'après sa mort, il va ressusciter.** Avant de quitter ses amis, il leur donne un message essentiel : **« Comme je vous ai aimés, vous aussi aimez-vous les uns les autres. »** Jésus nous montre comment faire. Que fais-tu quand tu te disputes avec tes frères et sœurs ? En général, cela ne dure pas très longtemps, et c'est tant mieux. **Quand nous nous disputons, Jésus nous invite à nous pardonner.** Son amour est plus fort que tout.

## CE QUE JE VIS

Y a-t-il des personnes que tu as du mal à aimer ? Sais-tu pourquoi ? Quand tu rends un service, comment te sens-tu après ?

**Ferme les yeux et répète tout bas :**

**« Comme je vous ai aimés,**
**vous aussi aimez-vous les uns les autres. »**

Texte : Guillemine Tiberghien. Illustrations : Marcelino Truong

## MÉDITATION BIBLIQUE

**5E DIMANCHE DE PÂQUES**

Évangile selon saint Jean 13, 31-33a.34-35

# Amour et synodalité

**Avant de quitter ses disciples, Jésus les aide à construire du commun de façon respectueuse.**

### Le temps de la préparation

**« Le Seigneur est tendresse et pitié, lent à la colère et plein d'amour ; la bonté du Seigneur est pour tous, sa tendresse, pour toutes ses œuvres. » (Ps 144, 8-9)**

### Le temps de l'observation

À ce moment poignant du dernier repas, Jésus s'adresse à ses disciples pour dire des mots qui comptent. Il sait que ces paroles résonneront de façon particulière dans leurs mémoires. Il fait donc en sorte qu'après sa mort, les disciples ne restent pas bloqués en regardant le ciel et le passé, ou encore en s'éloignant les uns des autres pour vivre leur foi de façon solitaire. Le manque à venir sera fort. Que dire alors ? Jésus n'y va pas par quatre chemins. « Comme je vous ai aimés, vous aussi aimez-vous les uns les autres. » La proposition est radicale, courageuse. Elle est à la hauteur du chemin proposé jusque-là. Ils savent bien comment Jésus a pris soin d'eux, quelle forme cet amour pour eux a pu prendre. Les évangiles en donnent un aperçu : écoute, patience, non-jugement, accueil inconditionnel, inclusivité, vérité, honnêteté, clarté, protection et un regard qui dit à chacun que le salut lui est déjà accordé.

## Le temps de la méditation

Jésus sait que ces dernières volontés ne pourront pas être balayées d'un revers de main. Le message est clair : celui qui se prétend disciple et qui rejette un autre disciple n'en est pas un. Mais comment vivre d'un amour inconditionnel, comment s'aimer « les uns les autres » et non pas s'aimer « les uns les uns » ? Ce commandement interroge la qualité de relation qui sera mise en œuvre. Or, la synodalité qui se cherche dans l'Église va dans ce sens. En lisant ces lignes, on peut être convaincu qu'elle n'est pas une option ou un plan B, qu'elle n'est pas non plus une lubie moderne. Elle fait écho, au contraire, à ce moment originel de l'Église où Jésus demande à ses disciples de travailler à créer du commun et à inventer d'autres façons d'être reliés. Redonner toute sa place aux uns et aux autres, c'est d'abord avoir conscience que chacune et chacun est précieux et qu'il nous est impossible de faire sans lui ou sans elle.

## Le temps de la prière

**« Le Seigneur est vrai**
**en tout ce qu'il dit, fidèle**
**en tout ce qu'il fait. » (Ps 144, 13)** ■

**Marie-Laure Durand,** bibliste

L'ÉVÉNEMENT

5E DIMANCHE DE PÂQUES : PÈLERINAGE MILITAIRE À LOURDES

# Les militaires à la Grotte

**Plus de 16 000 militaires et leurs familles, d'environ quarante pays, sont attendus à Lourdes du 16 au 18 mai 2025 pour le 65e Pèlerinage militaire international sur le thème « Militaires, pèlerins d'espérance ».**

Au mois de mai, le diocèse aux Armées françaises invite à Lourdes les militaires de tous les continents. Pendant trois jours, les militaires animent joyeusement de leurs chants le sanctuaire comme la ville de Lourdes. Ils sont engagés dans l'Église ou pas, chrétiens ou d'autres religions, voire agnostiques. « Ils viennent à Lourdes pour la dimension fraternelle », explique le père Eflamm Caouissin, chef de la délégation France du pèlerinage. Ce sont majoritairement des jeunes de 20 à 35 ans qui, « s'ils ont les mêmes aspirations et les mêmes questionnements que ceux de leur génération, ont à affronter la question de la mort », poursuit-il. C'est pourquoi l'une des conférences a pour thème « La mort comme blessure morale ». Venir en pèlerinage à Lourdes est, pour certains, le début d'un cheminement, et, pour d'autres, un aboutissement. En 2024, 180 baptêmes et 380 confirmations ont été célébrés pendant

© Diocèse aux Armées

Procession du soir, lors du Pèlerinage militaire, le 25 mai 2024 à Lourdes (65).

le pèlerinage. « Il y a deux ans, j'ai accompagné un groupe de pèlerins du Finistère. L'un d'eux était venu par curiosité, il sera baptisé cette année », explique le père Caouissin.

Le diocèse aux armées compte plus de deux cents aumôniers. Ils sont prêtres, diacres et, pour un tiers, des laïcs hommes et femmes. ■

**Geneviève Pasquier,** journaliste

## LE RÔLE DES AUMÔNIERS MILITAIRES

Dans un discours aux aumôniers militaires en 2015, le pape François définit ainsi le rôle des aumôniers : « Accompagner et soutenir, être pour tous une présence réconfortante et fraternelle […] verser sur les blessures de ces personnes le baume de la parole de Dieu qui apaise les douleurs et diffuse l'espérance. »

# LUNDI 19 MAI 2025

5ᴱ SEMAINE DE PÂQUES COULEUR LITURGIQUE : BLANC

**Temps pascal,** *messe de la férie*
*ou, en France,* **saint Yves,** *voir p. 141*

### *Antienne d'ouverture*

**Le bon pasteur est ressuscité,**
**lui qui a donné sa vie pour ses brebis,**
**lui qui a choisi de mourir**
**pour son troupeau, alléluia.**

### *Prière*

Nous t'en prions, Seigneur, entoure ta famille et que ta main droite la soutienne toujours ; ainsi, par la résurrection de ton Fils unique, qu'elle soit préservée de tout égarement et recherche les dons du ciel. Par Jésus… **— *Amen.***

## *Lecture*

du livre des Actes des Apôtres (14, 5-18)

*« Nous annonçons la Bonne Nouvelle :*
*détournez-vous de ces vaines pratiques, et tournez-vous vers le Dieu vivant »*

**En ces jours-là, à Iconium, il y eut un mouvement chez les non-Juifs et chez les Juifs, avec leurs chefs, pour recourir à la violence et lapider Paul et Barnabé. Lorsque ceux-ci s'en aperçurent, ils se réfugièrent en Lycaonie dans les cités de Lystres et de Derbé et dans leurs territoires environnants. Là encore, ils annonçaient la Bonne Nouvelle.**

Or, à Lystres, il y avait un homme qui était assis, incapable de se tenir sur ses pieds. Infirme de naissance, il n'avait jamais pu marcher. Cet homme écoutait les paroles de Paul. Celui-ci le fixa du regard et vit qu'il avait la foi pour être sauvé. Alors il lui dit d'une voix forte : « Lève-toi, tiens-toi droit sur tes pieds. » L'homme se dressa d'un bond : il marchait. En voyant ce que Paul venait de faire, les foules s'écrièrent en lycaonien : « Les dieux se sont faits pareils aux hommes, et ils sont descendus chez nous ! » Ils donnaient à Barnabé le nom de Zeus, et à Paul celui d'Hermès, puisque c'était lui le porte-parole. Le prêtre du temple de Zeus, situé hors de la ville, fit amener aux portes de celle-ci des taureaux et des guirlandes. Il voulait offrir un sacrifice avec les foules. Informés de cela, les Apôtres Barnabé et Paul déchirèrent leurs vêtements et se précipitèrent dans la foule en criant : « Pourquoi faites-vous cela ? Nous aussi, nous sommes des hommes pareils à vous, et nous annonçons la Bonne Nouvelle : détournez-vous de ces vaines pratiques, et tournez-vous vers le Dieu vivant, lui qui a fait le ciel, la terre, la mer, et tout ce qu'ils contiennent. Dans les générations passées, il a laissé toutes les nations suivre leurs chemins. Pourtant, il n'a pas manqué de donner le témoignage de ses bienfaits, puisqu'il vous a envoyé du ciel la pluie et des saisons fertiles pour vous combler de nourriture et de bien-être. »
En parlant ainsi, ils empêchèrent, mais non sans peine, la foule de leur offrir un sacrifice.
– Parole du Seigneur.

## *Psaume* 113B (115)

℟ ***Non pas à nous, Seigneur, mais à ton nom, donne la gloire.***
*OU*
***Alléluia !***

Non pas à nous, Seigneur, non pas à nous,
mais à ton nom, donne la gloire,
pour ton amour et ta vérité.
Pourquoi les païens diraient-ils :
« Où donc est leur Dieu ? » ℟

Notre Dieu, il est au ciel ;
tout ce qu'il veut, il le fait.
Leurs idoles : or et argent,
ouvrages de mains humaines. ℟

Soyez bénis par le Seigneur
qui a fait le ciel et la terre !
Le ciel, c'est le ciel du Seigneur ;
aux hommes, il a donné la terre. ℟

## *Acclamation de l'Évangile*

***Alléluia. Alléluia.*** L'Esprit Saint vous enseignera tout, et il vous fera souvenir de tout ce que je vous ai dit. ***Alléluia.***

## Évangile de Jésus Christ

selon saint Jean (14, 21-26)

*« L'Esprit Saint que le Père enverra en mon nom, lui, vous enseignera tout »*

En ce temps-là, Jésus disait à ses disciples : « Celui qui reçoit mes commandements et les garde, c'est celui-là qui m'aime ; et celui qui m'aime sera aimé de mon Père ; moi aussi, je l'aimerai, et je me manifesterai à lui. » Jude – non pas Judas l'Iscariote – lui demanda : « Seigneur, que se passe-t-il ? Est-ce à nous que tu vas te manifester, et non pas au monde ? » Jésus lui répondit : « Si quelqu'un m'aime, il gardera ma parole ; mon Père l'aimera, nous viendrons vers lui et, chez lui, nous nous ferons une demeure. Celui qui ne m'aime pas ne garde pas mes paroles. Or, la parole que vous entendez n'est pas de moi : elle est du Père, qui m'a envoyé. Je vous parle ainsi, tant que je demeure avec vous ; mais le Défenseur, l'Esprit Saint que le Père enverra en mon nom, lui, vous enseignera tout, et il vous fera souvenir de tout ce que je vous ai dit. »

### *Prière sur les offrandes*

Que nos prières montent vers toi, Seigneur, avec ces offrandes pour le sacrifice ; dans ta bonté, purifie-nous, et nous serons mieux préparés au sacrement de ton amour infini. Par le Christ, notre Seigneur. — ***Amen.***

*Préface du temps pascal, p. 227.*

### *Antienne de la communion*

Je vous laisse la paix,
je vous donne ma paix ;
ce n'est pas à la manière du monde
que je vous la donne,
dit le Seigneur, alléluia.
(Jn 14, 27)

### *Prière après la communion*

Dieu éternel et tout-puissant, dans la résurrection du Christ, tu nous recrées pour la vie éternelle ; multiplie en nous les fruits du sacrement pascal : répands en nos cœurs la force de cette nourriture qui apporte le salut. Par le Christ, notre Seigneur. — ***Amen.***

## INVITATION

Je souligne dans les textes du jour une phrase qui pourra m'accompagner tout au long de la journée.

## COMMENTAIRE

**Mémoire vive**

Jean 14, 21-26

**Dans ce chapitre 14 de l'évangile de Jean, Jésus prépare délicatement les siens à son départ. Il ne les laisse pas seuls mais promet l'Esprit Saint qui sera leur mémoire. Non une mémoire figée dans le passé ou dans la répétition de rites. Mais une mémoire vive, nourrie de la Parole, neuve chaque matin. Une mémoire qui nous fait « cohabitants » d'une nouvelle création avec le Père et le Fils. ■**

*Colette Hamza, xavière*

## Saint Yves *(en France)*

**Couleur liturgique : blanc**

*1253-1303. Ce saint, très aimé des Bretons, naquit à Minihy-Tréguier (Côtes-d'Armor). Prêtre dévoué et juge modèle, il défendait les pauvres et les opprimés. Patron des avocats.*

### *Antienne d'ouverture*

Venez, les bénis de mon Père,
dit le Seigneur. J'étais malade,
et vous m'avez visité. Amen, je vous
le dis : chaque fois que vous l'avez fait
à l'un de ces plus petits de mes frères,
c'est à moi que vous l'avez fait,
alléluia. (cf. Mt 25, 34.36.40)

### *Prière*

Seigneur Dieu, tout ce qui est juste et bon vient de toi ; tu as établi saint Yves comme juge parmi ses frères, et tu as fait de lui un grand ami des pauvres ; accorde-nous, à son intercession, de rechercher passionnément la justice et de communier à ton amour pour les hommes. Par Jésus… ***— Amen.***

### *Prière sur les offrandes*

Accueille, Seigneur, les dons offerts par ton peuple ; et puisque nous rappelons l'œuvre d'amour infini accomplie par ton Fils, donne-nous, à l'exemple de saint Yves, d'être affermis dans notre amour pour toi et pour le prochain. Par le Christ, notre Seigneur.
***— Amen.***

### *Antienne de la communion*

Il n'y a pas de plus grand amour
que de donner sa vie pour ses amis,
dit le Seigneur, alléluia.
(cf. Jn 15, 13)

### *Prière après la communion*

Tu as refait nos forces, Seigneur, par tes saints mystères, et nous te prions : donne-nous de suivre les exemples de saint Yves, qui te manifesta un attachement indéfectible, et servit ton peuple avec une charité sans limite. Par le Christ, notre Seigneur.
***— Amen.***

# MARDI 20 MAI 2025

5[E] SEMAINE DE PÂQUES COULEUR LITURGIQUE : BLANC

**Temps pascal,** *messe de la férie*
*ou* **saint Bernardin de Sienne**

### *Antienne d'ouverture*

**Louez notre Dieu, vous tous qui le craignez, les petits et les grands.**
**Maintenant voici le salut, la puissance,**
**et le pouvoir de son Christ, alléluia !** (Ap 19, 5 ; 12, 10)

### *Prière*

Seigneur Dieu, tu nous recrées pour la vie éternelle dans la résurrection du Christ ; affermis la foi et l'espérance de ton peuple : ne laisse pas le doute entamer notre confiance dans les promesses que toi-même nous as faites. Par Jésus… ***— Amen.***

## *Lecture*

du livre des Actes des Apôtres (14, 19-28)

*« Ayant réuni l'Église, ils rapportèrent tout ce que Dieu avait fait avec eux »*

**En ces jours-là, comme Paul et Barnabé se trouvaient à Lystres, des Juifs arrivèrent d'Antioche de Pisidie et d'Iconium ; ils se rallièrent les foules, ils lapidèrent Paul et le traînèrent hors de la ville, pensant qu'il était mort. Mais, quand les disciples firent cercle autour de lui, il se releva et rentra dans la ville. Le lendemain, avec Barnabé, il partit pour Derbé. Ils annoncèrent la Bonne Nouvelle à cette cité et firent bon nombre de disciples. Puis ils retournèrent à Lystres, à Iconium et à Antioche de Pisidie ;**

ils affermissaient le courage des disciples ; ils les exhortaient à persévérer dans la foi, en disant : « Il nous faut passer par bien des épreuves pour entrer dans le royaume de Dieu. » Ils désignèrent des Anciens pour chacune de leurs Églises et, après avoir prié et jeûné, ils confièrent au Seigneur ces hommes qui avaient mis leur foi en lui. Ils traversèrent la Pisidie et se rendirent en Pamphylie. Après avoir annoncé la Parole aux gens de Pergé, ils descendirent au port d'Attalia, et s'embarquèrent pour Antioche de Syrie, d'où ils étaient partis ; c'est là qu'ils avaient été remis à la grâce de Dieu pour l'œuvre qu'ils avaient accomplie. Une fois arrivés, ayant réuni l'Église, ils rapportèrent tout ce que Dieu avait fait avec eux, et comment il avait ouvert aux nations la porte de la foi. Ils passèrent alors un certain temps avec les disciples.
– Parole du Seigneur.

## *Psaume* 144 (145)

℟ ***Que tes amis, Seigneur, annoncent la gloire de ton règne !***
*OU* ***Alléluia !***

Que tes œuvres, Seigneur, te rendent grâce
et que tes fidèles te bénissent !
Ils diront la gloire de ton règne,
ils parleront de tes exploits. ℟

Ils annonceront aux hommes tes exploits,
la gloire et l'éclat de ton règne :
ton règne, un règne éternel,
ton empire, pour les âges des âges. ℟

Que ma bouche proclame
les louanges du Seigneur !
Son nom très saint, que toute chair le bénisse
toujours et à jamais ! ℟

### *Acclamation de l'Évangile*

***Alléluia. Alléluia.*** Le Christ devait souffrir et ressusciter d'entre les morts pour entrer dans la gloire. ***Alléluia.***

## Évangile de Jésus Christ

selon saint Jean (14, 27-31a)

*« Je vous donne ma paix »*

En ce temps-là, Jésus disait à ses disciples : « Je vous laisse la paix, je vous donne ma paix ; ce n'est pas à la manière du monde que je vous la donne. Que votre cœur ne soit pas bouleversé ni effrayé. Vous avez entendu ce que je vous ai dit : Je m'en vais, et je reviens vers vous. Si vous m'aimiez, vous seriez dans la joie puisque je pars vers le Père, car le Père est plus grand que moi. Je vous ai dit ces choses maintenant, avant qu'elles n'arrivent ; ainsi, lorsqu'elles arriveront, vous croirez. Désormais, je ne parlerai plus beaucoup avec vous, car il vient, le prince du monde. Certes, sur moi il n'a aucune prise, mais il faut que le monde sache que j'aime le Père, et que je fais comme le Père me l'a commandé. »

### *Prière sur les offrandes*

Accueille, nous t'en prions, Seigneur, les dons de ton Église en fête ; tu es pour elle à l'origine d'un si grand bonheur : qu'il s'épanouisse en joie éternelle. Par le Christ, notre Seigneur. ***— Amen.***

*Préface du temps pascal, p. 227.*

*Antienne de la communion*
Si nous sommes passés par la mort
avec le Christ,
nous croyons que nous vivrons aussi
avec lui, alléluia.
(Rm 6, 8)

*Prière après la communion*
Regarde avec bonté, Seigneur, nous t'en prions, le peuple que tu as rénové par tes sacrements ; accorde-nous de parvenir à la vie incorruptible lorsque notre chair ressuscitera dans la gloire. Par le Christ, notre Seigneur. — ***Amen.***

## INVITATION

Il y a 1 700 ans jour pour jour, les pères conciliaires se réunissaient à Nicée. Je peux, dans ma prière, prononcer le Credo, fruit de leurs travaux.

## COMMENTAIRE

**La paix, oui la paix** Jean 14, 27-31a

**Jésus s'en va et il fait un cadeau à ses disciples : « Je vous laisse la paix. » Pas n'importe laquelle, pas celle du monde, mais la sienne. Sa paix n'est pas promesse de tranquillité, ni évitement de l'épreuve. Elle vient du profond de la nuit la plus obscure, comme une timide mais indomptable lumière qui vient ébrécher nos peurs. Elle est là à portée de main pour que nous lui tendions la nôtre.** ■

***Colette Hamza****, xavière*

# MERCREDI 21 MAI 2025

**5ᴱ SEMAINE DE PÂQUES** COULEUR LITURGIQUE : BLANC

**Temps pascal,** *messe de la férie*
*ou* **saint Christophe Magallanès et ses compagnons**

### *Antienne d'ouverture*

**Que ma bouche soit remplie de ta louange, pour que je puisse chanter ; joie sur mes lèvres qui chantent pour toi, alléluia.**

(cf. Ps 70, 8.23)

### *Prière*

Seigneur Dieu, toi qui aimes l'innocence et la fais recouvrer, oriente vers toi le cœur de ceux qui te servent ; tu les as libérés des ténèbres de l'incroyance : fais qu'ils n'abandonnent jamais la lumière de ta vérité. Par Jésus… — ***Amen.***

## *Lecture*

du livre des Actes des Apôtres (15, 1-6)

*« On décida qu'ils monteraient à Jérusalem auprès des Apôtres et des Anciens pour discuter de cette question »*

En ces jours-là, des gens, venus de Judée à Antioche, enseignaient les frères en disant : « Si vous n'acceptez pas la circoncision selon la coutume qui vient de Moïse, vous ne pouvez pas être sauvés. » Cela provoqua un affrontement ainsi qu'une vive discussion engagée par Paul et Barnabé contre ces gens-là. Alors on décida que Paul et Barnabé, avec quelques autres frères, monteraient à Jérusalem auprès des Apôtres et des

Anciens pour discuter de cette question. L'Église d'Antioche facilita leur voyage. Ils traversèrent la Phénicie et la Samarie en racontant la conversion des nations, ce qui remplissait de joie tous les frères. À leur arrivée à Jérusalem, ils furent accueillis par l'Église, les Apôtres et les Anciens, et ils rapportèrent tout ce que Dieu avait fait avec eux. Alors quelques membres du groupe des pharisiens qui étaient devenus croyants intervinrent pour dire qu'il fallait circoncire les païens et leur ordonner d'observer la loi de Moïse. Les Apôtres et les Anciens se réunirent pour examiner cette affaire.

– Parole du Seigneur.

## *Psaume* 121 (122)

℟ ***Dans la joie, nous irons à la maison du Seigneur.***

*OU*

***Alléluia !***

Quelle joie quand on m'a dit :
« Nous irons à la maison du Seigneur ! »
Maintenant notre marche prend fin
devant tes portes, Jérusalem ! ℟

Jérusalem, te voici dans tes murs :
ville où tout ensemble ne fait qu'un !
C'est là que montent les tribus,
les tribus du Seigneur. ℟

C'est là qu'Israël doit rendre grâce
au nom du Seigneur.
C'est là le siège du droit,
le siège de la maison de David. ℟

### *Acclamation de l'Évangile*

***Alléluia. Alléluia.*** Demeurez en moi, comme moi en vous, dit le Seigneur ; celui qui demeure en moi porte beaucoup de fruit. ***Alléluia.***

## *Évangile de Jésus Christ*

selon saint Jean (15, 1-8)

*« Celui qui demeure en moi et en qui je demeure, celui-là porte beaucoup de fruit »*

En ce temps-là, Jésus disait à ses disciples : « Moi, je suis la vraie vigne*, et mon Père est le vigneron. Tout sarment qui est en moi, mais qui ne porte pas de fruit, mon Père l'enlève ; tout sarment qui porte du fruit, il le purifie en le taillant, pour qu'il en porte davantage. Mais vous, déjà vous voici purifiés grâce à la parole que je vous ai dite. Demeurez en moi, comme moi en vous. De même que le sarment ne peut pas porter de fruit par lui-même s'il ne demeure pas sur la vigne, de même vous non plus, si vous ne demeurez pas en moi. Moi, je suis la vigne, et vous, les sarments. Celui qui demeure en moi et en qui je demeure, celui-là porte beaucoup de fruit, car, en dehors de moi, vous ne pouvez rien faire. Si quelqu'un ne demeure pas en moi, il est, comme le sarment, jeté dehors, et il se dessèche. Les sarments secs, on les ramasse, on les jette au feu, et ils brûlent. Si vous demeurez en moi, et que mes paroles demeurent en vous, demandez tout ce que vous voulez, et cela se réalisera pour vous. Ce qui fait la gloire de mon Père, c'est que vous portiez beaucoup de fruit et que vous soyez pour moi des disciples. »

*Prière sur les offrandes*

Donne-nous, Seigneur, nous t'en prions, de toujours te rendre grâce par ces mystères de Pâques ; qu'ils continuent l'œuvre de notre relèvement et deviennent pour nous une source intarissable de joie. Par le Christ, notre Seigneur. **— Amen.**

*Préface du temps pascal, p. 227.*

*Antienne de la communion*

Le Seigneur est ressuscité,
il nous a rachetés par son sang,
et nous remplit de sa lumière,
alléluia.

*Prière après la communion*

Écoute nos prières, Seigneur : que cet échange très saint où l'homme est racheté nous soutienne durant la vie présente et nous procure les joies éternelles. Par le Christ, notre Seigneur.
**— Amen.**

**INVITATION**

Je pourrais prier le chapelet en regardant ou en écoutant celui retransmis depuis Lourdes, en direct à 15 h 30, sur les radios chrétiennes ou sur le site du sanctuaire.

## COMMENTAIRE

### Le vin de l'humanité

Jean 15, 1-8

**Si les sarments de la vigne sont nombreux, le cep sur lequel ils sont greffés, lui, est unique. La sève qui va de l'un aux autres aussi est unique, Parole et vie circulant pour multiplier les fruits. Demeurer greffés à l'Unique, côte à côte. Quelles que soient la forme ou la vigueur des sarments, tous sont appelés à porter ces fruits qui, mêlés, offriront à Dieu le vin d'une humanité réconciliée en Christ. ■**

*Colette Hamza, xavière*

## ✲ CLÉ DE LECTURE

### « Je suis la vraie vigne »

Jean 15, 1 *(p. 148)*

**L'image de la vigne renvoie au prophète Isaïe qui chantait l'amour de Dieu pour son peuple comme l'amour du bien-aimé pour sa vigne : un amour douloureux, terriblement déçu d'abord, jusqu'à ce qu'enfin la vigne donne les fruits espérés (Is 5, 1-30 ; 27, 1-6). Et Jésus se présente lui-même comme la vigne aimée de Dieu, qui lui a confié son projet de bénédiction pour tous les humains. Alors, il appelle ses disciples à devenir sarments, branches de cette vigne qui les nourrit de sa sève et de sa force. À eux de donner du fruit, un fruit de joie et de paix. Mais, ils ne pourront le faire que s'ils acceptent avec lui d'être émondés, libérés de tout ce qui conduit à la division, au repli sur soi et à la mort, pour demeurer dans celui qui leur a donné sa propre vie. ■**

*Roselyne Dupont-Roc, bibliste*

# JEUDI 22 MAI 2025

**5E SEMAINE DE PÂQUES COULEUR LITURGIQUE : BLANC**

**Temps pascal,** *messe de la férie*
*ou* **sainte Rita de Cascia,** *voir p. 156*

*Antienne d'ouverture*

**Chantons pour le Seigneur ! Éclatante est sa gloire !**
**Ma force et ma louange, c'est le Seigneur :**
**il est pour moi le salut, alléluia.** (Ex 15, 1-2)

*Prière*

Seigneur Dieu, par ta grâce tu as fait de nous des justes quand nous étions pécheurs, tu nous as donné le bonheur quand nous étions malheureux ; veille sur ton œuvre, veille sur tes dons : à ceux que tu as justifiés par la foi, accorde la force de persévérer. Par Jésus… ***— Amen.***



## *Lecture*

du livre des Actes des Apôtres (15, 7-21)

*« Moi, j'estime qu'il ne faut pas tracasser ceux qui, venant des nations, se tournent vers Dieu »*

En ces jours-là, comme la conversion des païens provoquait, dans l'Église de Jérusalem, une intense discussion, Pierre se leva et leur dit : « Frères, vous savez bien comment Dieu, dans les premiers temps, a manifesté son choix parmi vous : c'est par ma bouche que les païens ont entendu la parole de l'Évangile et sont venus à la foi. Dieu, qui connaît

les cœurs, leur a rendu témoignage en leur donnant l'Esprit Saint tout comme à nous ; sans faire aucune distinction entre eux et nous, il a purifié leurs cœurs par la foi. Maintenant, pourquoi donc mettez-vous Dieu à l'épreuve en plaçant sur la nuque des disciples un joug que nos pères et nous-mêmes n'avons pas eu la force de porter ? Oui, nous le croyons, c'est par la grâce du Seigneur Jésus que nous sommes sauvés, de la même manière qu'eux. »
Toute la multitude garda le silence, puis on écouta Barnabé et Paul exposer tous les signes et les prodiges que Dieu avait accomplis grâce à eux parmi les nations.
Quand ils eurent terminé, Jacques prit la parole et dit : « Frères, écoutez-moi. Simon-Pierre vous a exposé comment, dès le début, Dieu est intervenu pour prendre parmi les nations un peuple qui soit à son nom. Les paroles des prophètes s'accordent avec cela, puisqu'il est écrit : *Après cela, je reviendrai pour reconstruire la demeure de David, qui s'est écroulée ; j'en reconstruirai les parties effondrées, je la redresserai ; alors le reste des hommes cherchera le Seigneur, oui, toutes les nations sur lesquelles mon nom a été invoqué, – déclare le Seigneur, qui fait ces choses connues depuis toujours.* Dès lors, moi, j'estime qu'il ne faut pas tracasser ceux qui, venant des nations, se tournent vers Dieu, mais écrivons-leur de s'abstenir des souillures des idoles, des unions illégitimes, de la viande non saignée* et du sang. Car, depuis les temps les plus anciens, Moïse a, dans chaque ville, des gens qui proclament sa Loi, puisque, dans les synagogues, on en fait la lecture chaque sabbat. »
– Parole du Seigneur.

## Psaume 95 (96)

℟ ***Racontez à tous les peuples les merveilles du Seigneur !***
OU ***Alléluia !***

Chantez au Seigneur un chant nouveau,
chantez au Seigneur, terre entière,
chantez au Seigneur et bénissez son nom ! ℟

De jour en jour, proclamez son salut,
racontez à tous les peuples sa gloire,
à toutes les nations ses merveilles ! ℟

Allez dire aux nations :
« Le Seigneur est roi ! »
Le monde, inébranlable, tient bon.
Il gouverne les peuples avec droiture. ℟

### Acclamation de l'Évangile

***Alléluia. Alléluia.*** Mes brebis écoutent ma voix, dit le Seigneur ; moi, je les connais, et elles me suivent. ***Alléluia.***

## Évangile de Jésus Christ

selon saint Jean (15, 9-11)

*« Demeurez dans mon amour pour que votre joie soit parfaite »*

En ce temps-là, Jésus disait à ses disciples : « Comme le Père m'a aimé, moi aussi je vous ai aimés. Demeurez dans mon amour. Si vous gardez mes commandements, vous demeurerez dans mon amour, comme moi, j'ai gardé les commandements de mon Père, et je demeure dans son amour. Je vous ai dit cela pour que ma joie soit en vous, et que votre joie soit parfaite. »

### *Prière sur les offrandes*

Seigneur notre Dieu, dans l'admirable échange du sacrifice eucharistique, tu nous fais participer à ton unique et souveraine divinité ; nous avons reçu la connaissance de ta vérité : accorde-nous de lui être fidèles par toute notre vie. Par le Christ, notre Seigneur. — ***Amen.***

*Préface du temps pascal, p. 227.*

### *Antienne de la communion*

Le Christ est mort pour tous,
afin que les vivants n'aient plus
leur vie centrée sur eux-mêmes,
mais sur lui, qui est mort et ressuscité
pour eux, alléluia.
(2 Co 5, 15)

### *Prière après la communion*

Dans ta bienveillance, reste auprès de ton peuple, nous t'en prions, Seigneur ; puisque tu l'as initié aux sacrements du ciel, fais-le passer de ce qui est ancien à la vie nouvelle. Par le Christ, notre Seigneur. — ***Amen.***

### INVITATION

Et si je recopiais l'évangile du jour sur une jolie carte ?
Je pourrais la déposer dans mon coin prière, ou l'envoyer à quelqu'un.

## COMMENTAIRE

**Synodalité** Actes 15, 7-21

**Voici, dans les Actes des Apôtres, l'Église naissante en débat sur la manière de vivre la mission. Faut-il imposer la circoncision et d'autres pratiques aux nouveaux chrétiens venus du paganisme ? La discussion est tendue, les avis divergent. Recevons de ce moment ecclésial l'audace de la synodalité, le courage de dépasser ensemble les murs de séparation et de nous ouvrir à la nouveauté de l'Esprit.** ■

***Colette Hamza**, xavière*

## ❊ CLÉ DE LECTURE

**« S'abstenir [...] de la viande non saignée »** Actes 15, 20 *(p. 152)*

**La décision officielle de Jacques ouvre la porte de l'Église à ceux qui viennent du paganisme sans observer la loi juive. La formulation reste toutefois très ambiguë, car si on renonce à leur imposer la circoncision, les rites de pureté de la nourriture restent exigés. Est-ce une fausse ouverture ou un compromis habile pour permettre aux Juifs et aux non-Juifs de partager ensemble le repas du Seigneur ? Paul, malgré son intransigeance, avait su consentir à des compromis (1 Co 8), la première et unique exigence pour le chrétien étant le respect de l'autre, le « frère pour qui le Christ est mort ». Aucune loi, aucun rite ne tient devant cela. Nous devrions nous en souvenir et reconnaître qu'aucune exigence rituelle ne passe avant l'accueil du frère.** ■

***Roselyne Dupont-Roc**, bibliste*

## *Sainte Rita de Cascia*

**Couleur liturgique : blanc**

*XVe siècle. Cette veuve, devenue religieuse augustine à Cascia (Ombrie), fit preuve d'une piété, d'un sens du pardon et d'une patience devant la souffrance tout à fait remarquables.*

### *Antienne d'ouverture*

Sainte Rita a obtenu, du Seigneur,
la bénédiction, et de Dieu son Sauveur,
la miséricorde. Voici le peuple
de ceux qui cherchent Dieu, alléluia.
(cf. Ps 23, 5-6)

### *Prière*

Donne-nous, Seigneur, en abondance la sagesse de la Croix et la force d'âme dont tu as voulu combler sainte Rita : nous pourrons alors supporter avec le Christ les épreuves de la vie, et participer plus profondément au mystère de sa Pâque. Lui qui… — ***Amen.***

### *Prière sur les offrandes*

Accepte, Seigneur, comme un hommage de tes serviteurs l'offrande que nous déposons sur ton autel en faisant mémoire de sainte Rita ; et permets que, libérés des fardeaux d'ici-bas, nous n'ayons d'autre richesse que toi. Par le Christ, notre Seigneur. — ***Amen.***

### *Antienne de la communion*

Goûtez et voyez : le Seigneur est bon !
Heureux qui trouve en lui
son espérance, alléluia.
(Ps 33, 9)

### *Prière après la communion*

Soutenus par la force de ce sacrement, nous t'en prions, Dieu tout-puissant : que nous apprenions, en suivant l'exemple de sainte Rita, à te rechercher sans cesse par-dessus tout et à revêtir en ce monde la condition de l'homme nouveau. Par le Christ, notre Seigneur. — ***Amen.***

**Temps pascal,** *messe de la férie*

### *Antienne d'ouverture*

**Il est digne, l'Agneau immolé, de recevoir puissance, divinité, sagesse, force et honneur, alléluia.** (cf. Ap 5, 12)

### *Prière*

Nous t'en prions, Seigneur, donne-nous de vivre en plein accord avec le mystère pascal que nous célébrons dans la joie ; qu'il nous protège toujours par sa puissance et nous apporte le salut. Par Jésus… ***— Amen.***

## *Lecture*

du livre des Actes des Apôtres (15, 22-31)

*« L'Esprit Saint et nous-mêmes avons décidé de ne pas faire peser sur vous d'autres obligations que celles-ci, qui s'imposent »*

**En ces jours-là, les Apôtres et les Anciens décidèrent avec toute l'Église de choisir parmi eux des hommes qu'ils enverraient à Antioche avec Paul et Barnabé. C'étaient des hommes qui avaient de l'autorité parmi les frères : Jude, appelé aussi Barsabbas, et Silas. Voici ce qu'ils écrivirent de leur main : « Les Apôtres et les Anciens, vos frères, aux frères issus des nations, qui résident à Antioche, en Syrie et en Cilicie, salut ! Attendu que certains des nôtres, comme nous l'avons appris, sont**

18 - 24

allés, sans aucun mandat de notre part, tenir des propos qui ont jeté chez vous le trouble et le désarroi, nous avons pris la décision, à l'unanimité, de choisir des hommes que nous envoyons chez vous, avec nos frères bien-aimés Barnabé et Paul, eux qui ont fait don de leur vie pour le nom de notre Seigneur Jésus Christ. Nous vous envoyons donc Jude et Silas, qui vous confirmeront de vive voix ce qui suit : L'Esprit Saint et nous-mêmes avons décidé de ne pas faire peser sur vous d'autres obligations que celles-ci, qui s'imposent : vous abstenir des viandes offertes en sacrifice aux idoles, du sang, des viandes non saignées et des unions illégitimes. Vous agirez bien, si vous vous gardez de tout cela. Bon courage ! » On laissa donc partir les délégués, et ceux-ci descendirent alors à Antioche. Ayant réuni la multitude des disciples, ils remirent la lettre. À sa lecture, tous se réjouirent du réconfort qu'elle apportait. – Parole du Seigneur.

## *Psaume* 56 (57)

℟ ***Je te rendrai grâce parmi les peuples, Seigneur.***
OU ***Alléluia !***

Mon cœur est prêt, mon Dieu,
mon cœur est prêt !
Je veux chanter, jouer des hymnes !
Éveille-toi, ma gloire !
Éveillez-vous, harpe, cithare,
que j'éveille l'aurore ! ℟

Je te rendrai grâce parmi les peuples, Seigneur,
et jouerai mes hymnes en tous pays.
Ton amour est plus grand que les cieux,
ta vérité, plus haute que les nues.
Dieu, lève-toi sur les cieux :
que ta gloire domine la terre ! ℟

### *Acclamation de l'Évangile*

***Alléluia. Alléluia.*** Je vous appelle mes amis, dit le Seigneur, car tout ce que j'ai entendu de mon Père, je vous l'ai fait connaître. ***Alléluia.***

## *Évangile de Jésus Christ*

selon saint Jean (15, 12-17)

*« Voici ce que je vous commande : c'est de vous aimer les uns les autres »*

**En ce temps-là, Jésus disait à ses disciples : « Mon commandement, le voici : Aimez-vous les uns les autres comme je vous ai aimés. Il n'y a pas de plus grand amour que de donner sa vie pour ceux qu'on aime. Vous êtes mes amis si vous faites ce que je vous commande. Je ne vous appelle plus serviteurs, car le serviteur ne sait pas ce que fait son maître ; je vous appelle mes amis, car tout ce que j'ai entendu de mon Père, je vous l'ai fait connaître.**

**« Ce n'est pas vous qui m'avez choisi, c'est moi qui vous ai choisis et établis afin que vous alliez, que vous portiez du fruit, et que votre fruit demeure. Alors, tout ce que vous demanderez au Père en mon nom, il vous le donnera. Voici ce que je vous commande : c'est de vous aimer les uns les autres. »**

18 - 24

### *Prière sur les offrandes*

Dans ta bonté, sanctifie ces dons, nous t'en prions, Seigneur ; accepte le sacrifice spirituel que nous t'offrons, et fais de nous-mêmes une éternelle offrande pour toi. Par le Christ, notre Seigneur. — ***Amen.***

*Préface du temps pascal, p. 227.*

### *Antienne de la communion*

Le crucifié s'est relevé
d'entre les morts,
il nous a rachetés, alléluia.

### *Prière après la communion*

Seigneur, nous avons reçu les dons qui nous ont fait participer aux saints mystères, et nous te prions humblement : ton Fils nous a demandé de les célébrer en mémoire de lui, qu'ils augmentent en nous la charité. Par le Christ, notre Seigneur. — ***Amen.***

## INVITATION

Dimanche, en France, c'est la fête des Mères.
Je peux prier pour toutes les mamans du monde.

## COMMENTAIRE

### C'est décidé

Actes 15, 22-31

**« L'Esprit Saint et nous-mêmes avons décidé » : formule audacieuse d'une décision en faveur de la liberté. Il s'agit de ne rien faire peser sinon ce qui est nécessaire, c'est-à-dire ce qui permet de vivre ensemble et de partager le repas du Seigneur en pleine communion, dans le respect les uns des autres. S'ouvrir au pluralisme des origines, libérer des jougs inutiles, élargir l'espace de notre tente avec l'audace de l'Esprit. ■**

*Colette Hamza, xavière*

# SAMEDI 24 MAI 2025

5E SEMAINE DE PÂQUES COULEUR LITURGIQUE : BLANC

**Temps pascal,** *messe de la férie*

### *Antienne d'ouverture*

**Dans le baptême, vous avez été mis au tombeau avec le Christ et vous êtes ressuscités avec lui par la foi en la force de Dieu qui l'a ressuscité d'entre les morts, alléluia.** (Col 2, 12)

### *Prière*

Dieu éternel et tout-puissant, tu as voulu nous donner la vie du ciel en nous faisant renaître par le baptême ; nous t'en prions : toi qui nous ouvres à l'immortalité en faisant de nous des justes, donne-nous de parvenir, sous ta conduite, jusqu'à la plénitude de la gloire. Par Jésus… ***— Amen.***

## *Lecture*

du livre des Actes des Apôtres (16, 1-10)

*« Passe en Macédoine et viens à notre secours »*

En ces jours-là, Paul, qui avait quitté Antioche avec Silas, arriva ensuite à Derbé, puis à Lystres. Il y avait là un disciple nommé Timothée ; sa mère était une Juive devenue croyante, mais son père était grec. À Lystres et à Iconium, les frères lui rendaient un bon témoignage. Paul désirait l'emmener ; il le prit avec lui et le fit circoncire à cause des Juifs de la région, car ils savaient tous que son père était grec. Dans les villes où Paul et ses compagnons passaient, ils transmettaient les décisions prises par les Apôtres et les Anciens de Jérusalem, pour qu'elles entrent en vigueur. Les Églises s'affermissaient dans la foi et le nombre de leurs membres augmentait chaque jour. Paul et ses compagnons traversèrent la Phrygie et le pays des Galates, car le Saint-Esprit les avait empêchés de dire la Parole dans la province d'Asie. Arrivés en Mysie, ils essayèrent d'atteindre la Bithynie, mais l'Esprit de Jésus s'y opposa. Ils longèrent alors la Mysie et descendirent jusqu'à Troas. Pendant la nuit, Paul eut une vision : un Macédonien lui apparut, debout, qui lui faisait cette demande : « Passe en Macédoine et viens à notre secours. » À la suite de cette vision de Paul, nous avons aussitôt cherché à partir pour la Macédoine, car nous en avons déduit que Dieu nous appelait à y porter la Bonne Nouvelle. – Parole du Seigneur.

## *Psaume* 99 (100)

℟ ***Acclamez le Seigneur, terre entière !***
*OU* ***Alléluia !***

Acclamez le Seigneur, terre entière,
servez le Seigneur dans l'allégresse,
venez à lui avec des chants de joie ! ℟

Reconnaissez que le Seigneur est Dieu :
il nous a faits, et nous sommes à lui,
nous, son peuple, son troupeau. ℟

Oui, le Seigneur est bon,
éternel est son amour,
sa fidélité demeure d'âge en âge. ℟

### *Acclamation de l'Évangile*

***Alléluia. Alléluia.*** Si vous êtes ressuscités avec le Christ, recherchez les réalités d'en haut : c'est là qu'est le Christ, assis à la droite de Dieu. ***Alléluia.***

## Évangile de Jésus Christ

selon saint Jean (15, 18-21)

*« Vous n'appartenez pas au monde, puisque je vous ai choisis en vous prenant dans le monde »*

**En ce temps-là, Jésus disait à ses disciples : « Si le monde a de la haine contre vous, sachez qu'il en a eu d'abord contre moi. Si vous apparteniez au monde, le monde aimerait ce qui est à lui. Mais vous n'appartenez pas au monde, puisque je vous ai choisis en vous prenant dans le monde ; voilà pourquoi le monde a de la haine contre vous. Rappelez-vous la parole que je vous ai dite : un serviteur n'est pas plus grand que son maître. Si l'on m'a persécuté, on vous persécutera, vous aussi. Si l'on a gardé ma parole, on gardera aussi la vôtre. Les gens vous traiteront ainsi à cause de mon nom, parce qu'ils ne connaissent pas Celui qui m'a envoyé. »**



### *Prière sur les offrandes*

Reçois avec bonté les offrandes de ta famille, nous t'en prions, Seigneur, garde-la sous ta protection : qu'elle ne perde aucun des bienfaits déjà reçus, et parvienne aux dons éternels. Par le Christ, notre Seigneur. ***— Amen.***

*Préface du temps pascal, p. 227.*

*Antienne de la communion*
Père, je te prie pour eux :
qu'ils soient un en nous, eux aussi,
pour que le monde croie
que tu m'as envoyé,
dit le Seigneur, alléluia.
(Jn 17, 20-21)

*Prière après la communion*
Nous t'en prions, Seigneur, ne cesse pas de protéger avec tendresse ceux que tu as sauvés : la passion de ton Fils les a rachetés, qu'ils trouvent leur joie dans sa résurrection. Lui qui…
— ***Amen.***

## INVITATION

C'est aujourd'hui le 10e anniversaire de l'encyclique *Laudato si'*.
Et si je la lisais ou la relisais ?

## COMMENTAIRE

**Amitié**

Jean 15, 18-21

**Jésus vient d'appeler ses disciples « amis », et non plus « serviteurs », les faisant entrer dans l'intimité de sa vie. Il instaure des relations non pas basées sur une servile soumission mais sur une amitié réciproque. C'est pour cela que l'envoi au monde pour le servir nous met au même rang que le Christ, avec le risque d'être rejetés mais aussi la grâce, par l'amour les uns des autres, de rendre témoignage.** ■

***Colette Hamza**, xavière*

# DIMANCHE 25 MAI 2025

## 6E DIMANCHE DE PÂQUES

**ANNÉE C – COULEUR LITURGIQUE : BLANC**

*« Si quelqu'un m'aime, il gardera ma parole. »*
Jean 14, 23

© Catherine Chion

**Viens, Esprit de liberté, Esprit d'amour et de paix !** Le Ressuscité a promis son Esprit à ses apôtres, et cet Esprit assiste l'Église en ses commencements. Elle en a toujours besoin aujourd'hui, pas simplement pour nous rassurer, mais pour discerner les bons choix missionnaires. Que l'Esprit Saint nous aide à goûter la joie de l'Évangile.

## RITES INITIAUX

***Chant d'entrée*** *(Suggestions p. 249)*
*OU*
***Antienne d'ouverture***
Avec des cris de joie, répandez la nouvelle,
portez-la jusqu'aux extrémités de la terre :
le Seigneur a libéré son peuple, alléluia. (cf. Is 48, 20)

***Suggestion de préparation pénitentielle*** *(ou p. 219)*
Frères et sœurs, aujourd'hui encore, le Ressuscité nous donne sa paix, au-delà de nos péchés. En toute confiance, confessons nos faiblesses, implorons la miséricorde.

Seigneur Jésus, toi le béni du Père venu demeurer chez les hommes, montre-nous ton amour. Prends pitié de nous. Kyrie, eleison.
***– Kyrie, eleison.***
Ô Christ, toi l'Agneau véritable offert pour notre vie, donne-nous ton salut. Prends pitié de nous. Christe, eleison.
***– Christe, eleison.***
Seigneur, toi le verbe du Père manifestant sa tendresse, accorde-nous ta paix. Prends pitié de nous. Kyrie, eleison.
***– Kyrie, eleison.***

Que Dieu tout-puissant nous fasse miséricorde ; qu'il nous pardonne nos péchés et nous conduise à la vie éternelle. ***– Amen.***

*Gloire à Dieu* (p. 222)

*Prière*
Dieu tout-puissant, accorde-nous, en ces jours de fête, de célébrer avec ferveur le Seigneur ressuscité : puissions-nous mettre en œuvre fidèlement tout ce dont nous faisons mémoire. Par Jésus… — ***Amen.***

## LITURGIE DE LA PAROLE

***Lecture*** du livre des Actes des Apôtres (15, 1-2.22-29)

*« L'Esprit Saint et nous-mêmes avons décidé de ne pas faire peser sur vous d'autres obligations que celles-ci, qui s'imposent »*

**En ces jours-là, des gens, venus de Judée à Antioche, enseignaient les frères en disant : « Si vous n'acceptez pas la circoncision selon la coutume qui vient de Moïse, vous ne pouvez pas être sauvés. » Cela provoqua un affrontement ainsi qu'une vive discussion engagée par Paul et Barnabé contre ces gens-là. Alors on décida que Paul et Barnabé, avec quelques autres frères, monteraient à Jérusalem auprès des Apôtres et des Anciens pour discuter de cette question. Les Apôtres et les Anciens décidèrent avec toute l'Église de choisir parmi eux des hommes qu'ils enverraient à Antioche avec Paul et Barnabé. C'étaient des hommes qui avaient de l'autorité parmi les frères : Jude, appelé aussi Barsabbas, et Silas. Voici ce qu'ils écrivirent de leur main : « Les Apôtres et les Anciens, vos**

frères, aux frères issus des nations, qui résident à Antioche, en Syrie et en Cilicie, salut ! Attendu que certains des nôtres, comme nous l'avons appris, sont allés, sans aucun mandat de notre part, tenir des propos qui ont jeté chez vous le trouble et le désarroi, nous avons pris la décision, à l'unanimité, de choisir des hommes que nous envoyons chez vous, avec nos frères bien-aimés Barnabé et Paul, eux qui ont fait don de leur vie pour le nom de notre Seigneur Jésus Christ. Nous vous envoyons donc Jude et Silas, qui vous confirmeront de vive voix ce qui suit : L'Esprit Saint et nous-mêmes avons décidé de ne pas faire peser sur vous d'autres obligations que celles-ci, qui s'imposent : vous abstenir des viandes offertes en sacrifice aux idoles, du sang, des viandes non saignées et des unions illégitimes. Vous agirez bien, si vous vous gardez de tout cela. Bon courage ! »
– Parole du Seigneur.

## *Psaume* 66 (67)

**℟ *Que les peuples, Dieu, te rendent grâce ;***
***qu'ils te rendent grâce tous ensemble !*** OU ***Alléluia !***

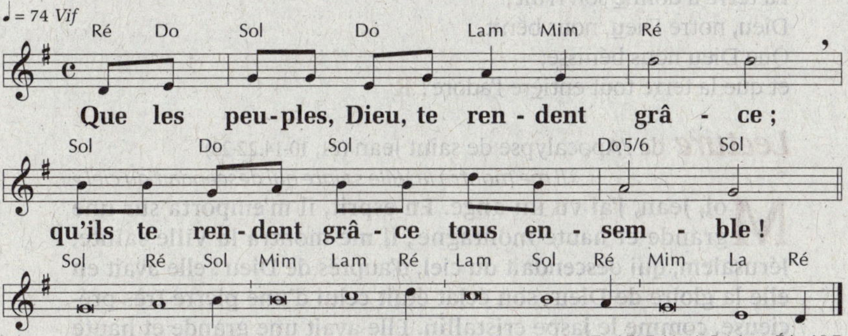


T. : AELF; M. : J.-P. Lécot; Éd. : ADF.

Que Dieu nous prenne en grâce et nous bénisse,
que son visage s'illumine pour nous ;
et ton chemin sera connu sur la terre,
ton salut, parmi toutes les nations. ℟

Que les nations chantent leur joie,
car tu gouvernes le monde avec justice ;
tu gouvernes les peuples avec droiture,
sur la terre, tu conduis les nations. ℟

Écoutez ce psaume sur
**www.prionseneglise.fr/**
**messe-du-dimanche**

℟ ***Que les peuples, Dieu, te rendent grâce;***
***qu'ils te rendent grâce tous ensemble!*** *OU* ***Alléluia!***

La terre a donné son fruit;
Dieu, notre Dieu, nous bénit.
Que Dieu nous bénisse,
et que la terre tout entière l'adore! ℟

## *Lecture* de l'Apocalypse de saint Jean (21, 10-14.22-23)

*« Il me montra la Ville sainte qui descendait du ciel »*

**Moi, Jean, j'ai vu un ange. En esprit, il m'emporta sur une grande et haute montagne; il me montra la Ville sainte, Jérusalem, qui descendait du ciel, d'auprès de Dieu : elle avait en elle la gloire de Dieu; son éclat était celui d'une pierre très précieuse, comme le jaspe cristallin. Elle avait une grande et haute muraille, avec douze portes et, sur ces portes, douze anges; des noms y étaient inscrits : ceux des douze tribus des fils d'Israël. Il y avait trois portes à l'orient, trois au nord, trois au midi, et trois à l'occident. La muraille de la ville reposait sur douze fondations portant les douze noms des douze Apôtres de l'Agneau. Dans la ville, je n'ai pas vu de sanctuaire, car son sanctuaire, c'est le Seigneur Dieu, Souverain de l'univers, et l'Agneau. La ville n'a pas besoin du soleil ni de la lune pour l'éclairer, car la gloire de Dieu l'illumine : son luminaire, c'est l'Agneau.** – Parole du Seigneur.

### *Acclamation de l'Évangile*

***Alléluia. Alléluia.*** Si quelqu'un m'aime, il gardera ma parole, dit le Seigneur ; mon Père l'aimera, et nous viendrons vers lui. ***Alléluia.***

*IU 56-65 ; M. : P. Robert ; Bayard Liturgie.*

## *Évangile de Jésus Christ* selon saint Jean (14, 23-29)

*« L'Esprit Saint vous fera souvenir de tout ce que je vous ai dit »*

**En ce temps-là, Jésus disait à ses disciples : « Si quelqu'un m'aime, il gardera ma parole ; mon Père l'aimera, nous viendrons vers lui et, chez lui, nous nous ferons une demeure.**

**« Celui qui ne m'aime pas ne garde pas mes paroles. Or, la parole que vous entendez n'est pas de moi : elle est du Père, qui m'a envoyé. Je vous parle ainsi, tant que je demeure avec vous ; mais le Défenseur, l'Esprit Saint que le Père enverra en mon nom, lui,**

vous enseignera tout, et il vous fera souvenir de tout ce que je vous ai dit.
« Je vous laisse la paix, je vous donne ma paix; ce n'est pas à la manière du monde que je vous la donne. Que votre cœur ne soit pas bouleversé ni effrayé. Vous avez entendu ce que je vous ai dit : Je m'en vais, et je reviens vers vous. Si vous m'aimiez, vous seriez dans la joie puisque je pars vers le Père, car le Père est plus grand que moi. Je vous ai dit ces choses maintenant, avant qu'elles n'arrivent; ainsi, lorsqu'elles arriveront, vous croirez. »

## *Homélie*

## *Profession de foi* *(p. 223)*

## *Suggestion de prière universelle*

*Le prêtre :*
La paix du Ressuscité se heurte à bien des obstacles dans le monde… Prions pour les femmes et les hommes privés de liberté, et pour que tous les enfants connaissent une vie paisible.

℟ ***En toi, notre cœur espère, Seigneur.***

*Le diacre ou un lecteur :*

L'Église a besoin de l'Esprit Saint pour répandre la louange du Créateur et porter la paix en tous lieux d'humanité. Donne-lui ton Esprit de lumière et de vie, Dieu, nous t'en prions. ℟

Les Apôtres ont eu besoin de l'Esprit Saint pour répondre à des questions nouvelles. Guide les responsables politiques sur la voie du bien commun, Dieu, nous t'en prions. ℟

La nouvelle Jérusalem ouvre ses portes à toute l'humanité. Fais connaître aux personnes qui se sentent exclues la promesse de ta gloire, Dieu, nous t'en prions. ℟

Le Christ nous dit : « Si vous m'aimiez, vous seriez dans la joie. » Que ton Esprit soutienne notre espérance et fasse de nous des artisans de paix, Dieu, nous t'en prions. ℟

*(Ces intentions seront adaptées ou modifiées selon les circonstances. On peut aussi s'inspirer de l'intention universelle du Saint-Père, p. 6.)*

*Le prêtre :*

Nous te rendons grâce, Dieu notre Père, pour ta grâce et ta paix. Et nous te supplions : sois favorable à nos prières pour tous nos frères. Par le Christ, notre Seigneur. ***— Amen.***

## LITURGIE EUCHARISTIQUE

### *Prière sur les offrandes*

Que nos prières montent vers toi, Seigneur, avec ces offrandes pour le sacrifice ; dans ta bonté, purifie-nous, et nous serons mieux préparés au sacrement de ton amour infini. Par le Christ, notre Seigneur. **— *Amen.***

### *Prière eucharistique* *(Préface du temps pascal, p. 227.)*

### *Chant de communion* *(Suggestions p. 249)*

OU ***Antienne de la communion***

Si vous m'aimez, dit le Seigneur, vous garderez mes commandements.
Moi, je prierai le Père, et il vous donnera un autre Défenseur
qui sera pour toujours avec vous, alléluia. (Jn 14, 15-16)

### *Prière après la communion*

Dieu éternel et tout-puissant, dans la résurrection du Christ, tu nous recrées pour la vie éternelle ; multiplie en nous les fruits du sacrement pascal : répands en nos cœurs la force de cette nourriture qui apporte le salut. Par le Christ, notre Seigneur. **— *Amen.***

## RITE DE CONCLUSION

### *Bénédiction solennelle* *(p. 38)* ***et envoi***

**COMMENTAIRE DU DIMANCHE**

**Vincent Leclercq,** prêtre assomptionniste

# La maison de Dieu

Jésus prépare les disciples à son départ. Bientôt, il disparaîtra à leurs yeux mais sa présence habitera leur cœur pour toujours. La fin de notre temps pascal est marquée par l'Ascension et la Pentecôte. La paix et la joie en seront les signes. Notre paix vient de celui qui a traversé la souffrance et la mort pour nous rejoindre là où nous sommes. Elle vient de l'Esprit Saint qui marche à nos côtés. Notre joie sera de voir le Fils rejoindre le Père. En Jésus, notre frère, chacun pourra désormais partager l'intimité du Père. « Si quelqu'un m'aime, il gardera ma parole; mon Père l'aimera, nous viendrons vers lui et, chez lui, nous nous ferons une demeure. »

L'Exode est bien fini. Dieu n'est plus dans la Tente, cheminant au milieu d'un peuple en route vers la Terre promise. Il n'est plus •••

••• confiné au Temple de Jérusalem dans le Saint des saints, que seuls quelques privilégiés pouvaient atteindre. Désormais, le Seigneur habite en chacun de nous. Mais, pour cela, il nous faut suivre l'enseignement de Jésus et prendre le risque d'aimer. Les disciples de Jésus ont eu cette audace de communiquer la vie de Dieu. Ils ont reçu la force de croire que nos existences et nos communautés étaient devenues son sanctuaire. « Celui qui aime ne se fatigue pas. Et s'il ressent la fatigue, il va jusqu'à aimer sa fatigue », écrivait saint Augustin. Aimer est s'en remettre à Dieu et se reposer dans sa vérité.

~

Quels sont les rencontres et les événements où je perçois la présence de Dieu dans ma vie ?

La paix et la joie ne règnent pas toujours dans nos relations humaines. Comment laisser Dieu devenir notre paix et nous apprendre à aimer ? ■

Prions en Eglise Junior

## LIRE L'ÉVANGILE AVEC LES ENFANTS

### CE QUE JE DÉCOUVRE

Quand on aime très fort une personne, on écoute ses paroles avec attention. Elle a une grande place dans notre cœur, c'est comme si elle habitait en nous. Jésus aussi nous aime très fort. Il nous donne son amour. **Il désire faire sa demeure en nous.** Et, pour l'accueillir, il nous invite à garder sa parole.

Quand Jésus habite en nous, nous recevons aussi l'amour de son Père et de l'Esprit Saint. **C'est tout l'amour de Dieu qui est en nous.**

### CE QUE JE VIS

De quelles paroles de Jésus te souviens-tu ?
Faire le signe de croix, c'est accueillir Jésus dans son cœur.
Et toi, quand le fais-tu ?
**Mets une image de Jésus près de ton lit.**
**En te levant le matin, fais un signe de croix pour demander à Jésus d'être avec toi toute la journée.**

Texte : Patricia Metzger. Illustrations : Marcelino Truong

MÉDITATION BIBLIQUE

6E DIMANCHE DE PÂQUES

Évangile selon saint Jean 14, 23-29

# Devenir demeure de Dieu

**La relation avec Jésus, telle que la connaissaient les disciples, a-t-elle un avenir ? Ce questionnement peut-être transposé à notre vie, qui passe par une alternance de sentiments de présence et d'absence du Christ.**

## Le temps de la préparation

**« Ce que dit le Seigneur, c'est la paix. » (Ps 84, 9)**

## Le temps de l'observation

Jésus prépare ses disciples à la période post-pascale qui est le temps de l'Église, le temps du cheminement dans le clair-obscur de la foi. Le Christ assure les siens de sa présence. Celle-ci sera à vivre sous un autre mode, médiatisée par l'Esprit Saint « consolateur » ou « défenseur » puisque telles sont les significations possibles du terme grec. « Défenseur », privilégié dans la traduction liturgique, correspond bien à l'approche de l'évangile de Jean qui envisage la vie en ce monde comme un combat contre les forces obscures.

Quoi qu'il en soit, le Ressuscité, parce qu'il est amour et manifestation de l'amour du Père, n'abandonne pas ses disciples. Il leur restera présent, non plus comme une personne extérieure à eux-mêmes mais comme celui qui, avec le Père, a choisi de venir faire en eux sa demeure. Et cela non pas dans un futur nébuleux mais dans l'ici et le maintenant de leur vie. La garde de la Parole joue ici un rôle déterminant comme manifestation de l'amour des disciples et ouverture à l'amour divin.

## Le temps de la méditation

Notre itinéraire est jalonné de frayeurs et de bouleversements de toutes sortes. Rien d'étonnant à ce que nous ressentions parfois le même sentiment d'abandon que les disciples, bien que sous une modalité différente puisque nous n'avons pas cheminé avec l'homme Jésus. Mais notre parcours de foi n'est-il pas fait d'une alternance de consolations et de désolations, de joies et d'épreuves ? Une alternance qui nous déroute certes, mais n'empêche pas la paix – au sens hébraïque du terme qui connote la « vie en plénitude ». Ce qui suppose de consentir à nous laisser conduire par l'Esprit au-delà de notre ressenti toujours plus ou moins fluctuant. Car n'est-ce pas l'Esprit qui nous conduit vers la vérité tout entière contenue dans les paroles du Christ ? Une vérité qui n'est pas de l'ordre d'une consolation facile, mais nous ouvre un chemin lesté de sens car éclairé par l'amour.

## Le temps de la prière

**Ô Seigneur, envoie ton Esprit !** ■

**Emmanuelle Billoteau,** ermite

## PARTAGE BIBLIQUE

*Environ 45 minutes*

*Une bible ou* Prions en Église, *page 170*

### LA JÉRUSALEM NOUVELLE (AP 21, 10-14.22-23)

#### Lire

Prenons le temps de saisir le sens de cette description de Jérusalem, aux confins du Nouveau Testament.

#### Comprendre le texte

Pour les Juifs, le peuple de Dieu se rassemblera à Jérusalem aux temps derniers. La Jérusalem nouvelle n'est pas une cité restaurée, elle est un don de Dieu. Elle constitue la demeure commune de Dieu et des hommes. Selon un symbolisme propre à ce type de littérature, une femme la personnifie. Le texte s'intéresse à l'aspect général de la cité sainte, à ses dimensions, ses matériaux, sa sainteté, son cœur et, enfin, ses habitants. La cité est le lieu du rassemblement du peuple de Dieu, ce que signalent les noms des tribus d'Israël gravés sur ses portes. Ses assises portent les noms des douze apôtres du Christ. Ces derniers portent, comme le grand prêtre, le nom divin sur leurs fronts en signe d'appartenance à Dieu et à l'Agneau ; ils ont un statut paradoxal : s'ils servent cultuellement Dieu et l'Agneau, ils règnent aussi à jamais avec eux. La cité ne possède pas de temple même s'il est fait référence à des anges qui se tiennent à ses portes, car cette médiation est rendue inutile par la présence de Dieu lui-même et de l'Agneau. Toute la cité devient ainsi un espace sacré, lieu de rencontre de Dieu et des hommes.

## Partager

- Quelles sont les conditions pour que mon église paroissiale soit la demeure du Christ et rayonne l'Évangile ?
- Comment est-ce que j'assume ma mission chrétienne pour que le Christ soit écouté, regardé, aimé ?
- Comment est-ce que j'imagine la Jérusalem céleste pour les hommes et les femmes de ce temps ?
- Qu'est-ce que je fais de concret pour qu'advienne le règne de Dieu ?

## Prier

Un chant s'impose : *Céleste Jérusalem.* ■

**Sylvain Gasser,** prêtre assomptionniste

# LUNDI 26 MAI 2025

**6E SEMAINE DE PÂQUES COULEUR LITURGIQUE : BLANC**

**Saint Philippe Néri**

*1515-1595. Le saint de la joie et de la prière, « second apôtre de Rome », fonda l'Oratoire, société de prêtres séculiers voués au service paroissial et à la prédication.*

### *Antienne d'ouverture*

**L'amour de Dieu a été répandu dans nos cœurs**
**par l'Esprit Saint qui nous a été donné, alléluia.** (Rm 5, 5)

### *Prière*

Seigneur Dieu, tu ne cesses d'élever à la gloire de la sainteté ceux qui te servent fidèlement ; accorde-nous d'être embrasés du feu de l'Esprit Saint qui habitait admirablement le cœur de saint Philippe Néri. Par Jésus… ***— Amen.***

## *Lecture*

du livre des Actes des Apôtres (16, 11-15)

*« Le Seigneur lui ouvrit l'esprit pour la rendre attentive à ce que disait Paul »*

Avec Paul, de Troas nous avons gagné le large et filé tout droit sur l'île de Samothrace, puis, le lendemain, sur Néapolis, et ensuite sur Philippes, qui est une cité du premier district de Macédoine et une colonie romaine. Nous avons passé un certain temps dans cette ville et, le jour du sabbat, nous en avons franchi la porte pour rejoindre le bord de la rivière, où nous pensions trouver un lieu de prière. Nous nous sommes assis, et nous avons parlé aux femmes qui s'étaient réunies.

L'une d'elles nommée Lydie, une négociante en étoffes de pourpre, originaire de la ville de Thyatire, et qui adorait le Dieu unique, écoutait. Le Seigneur lui ouvrit l'esprit pour la rendre attentive à ce que disait Paul. Quand elle fut baptisée, elle et tous les gens de sa maison, elle nous adressa cette invitation : « Si vous avez reconnu ma foi au Seigneur, venez donc dans ma maison pour y demeurer. » C'est ainsi qu'elle nous a forcé la main.

– Parole du Seigneur.

## *Psaume* 149

℟ ***Le Seigneur aime son peuple !***

*OU*

***Alléluia !***

Chantez au Seigneur un chant nouveau,
louez-le dans l'assemblée de ses fidèles !
En Israël, joie pour son créateur ;
dans Sion, allégresse pour son Roi ! ℟

Dansez à la louange de son nom,
jouez pour lui, tambourins et cithares !
Car le Seigneur aime son peuple,
il donne aux humbles l'éclat de la victoire. ℟

Que les fidèles exultent, glorieux,
criant leur joie à l'heure du triomphe.
Qu'ils proclament les éloges de Dieu :
c'est la fierté de ses fidèles. ℟

### *Acclamation de l'Évangile*

***Alléluia. Alléluia.*** L'Esprit de vérité rendra témoignage en ma faveur, dit le Seigneur. Et vous aussi, vous allez rendre témoignage. ***Alléluia.***

## *Évangile de Jésus Christ*

selon saint Jean (15, 26 – 16, 4a)

*« L'Esprit de vérité rendra témoignage en ma faveur »*

**En ce temps-là, Jésus disait à ses disciples : « Quand viendra le Défenseur, que je vous enverrai d'auprès du Père, lui, l'Esprit de vérité qui procède du Père, il rendra témoignage en ma faveur.**

**« Et vous aussi, vous allez rendre témoignage, car vous êtes avec moi depuis le commencement. Je vous parle ainsi, pour que vous ne soyez pas scandalisés. On vous exclura des assemblées. Bien plus, l'heure vient où tous ceux qui vous tueront s'imagineront qu'ils rendent un culte à Dieu. Ils feront cela, parce qu'ils n'ont connu ni le Père ni moi.**

**« Eh bien, voici pourquoi je vous dis cela : quand l'heure sera venue, vous vous souviendrez que je vous l'avais dit. »**

### *Prière sur les offrandes*

En t'offrant, Seigneur, le sacrifice de louange, nous te prions : puissions-nous toujours, à l'exemple de saint Philippe, travailler joyeusement à la gloire de ton nom et au service du prochain. Par le Christ, notre Seigneur. ***– Amen.***

*Préface du temps pascal, p. 227.*

*Antienne de la communion*
Comme le Père m'a aimé,
moi aussi je vous ai aimés,
dit le Seigneur.
Demeurez dans mon amour, alléluia.
(Jn 15, 9)

*Prière après la communion*
Tu nous as fait goûter, Seigneur, aux joies du ciel, et nous te prions : donne-nous, à l'exemple de saint Philippe, de toujours désirer ce qui nous fait vivre en vérité. Par le Christ, notre Seigneur.
***— Amen.***

## INVITATION

Philippe Néri, que nous célébrons aujourd'hui, était le « saint de la joie ».
Et moi, en qui est-ce que je mets ma joie ?

## COMMENTAIRE

**La Trinité n'est pas compliquée** Jean 15, 26 – 16, 4a

**Jésus, le Verbe qui était au commencement, nous envoie l'Esprit Saint dont il dit qu'il « procède » de son Père. Ce mouvement – cette « procession » – nous plonge dans le mystère des trois personnes divines dont le Credo exprime l'unité. Mais ne soyons pas paralysés par les mots : la sagesse de Dieu-Trinité est révélée aux tout-petits. Écoutons leur témoignage humble et lumineux quand ils défendent la vérité. ■**

***Nicolas Tarralle**, prêtre assomptionniste*

# MARDI 27 MAI 2025

**6E SEMAINE DE PÂQUES COULEUR LITURGIQUE : BLANC**

**Temps pascal,** *messe de la férie*
*ou* **saint Augustin de Cantorbéry**

*Antienne d'ouverture*

**Soyons dans la joie, exultons, et rendons gloire à Dieu !**
**Il règne, le Seigneur notre Dieu, le Souverain de l'univers, alléluia.** (Ap 19, 7.6)

*Prière*

Dieu de puissance et de miséricorde, donne-nous d'avoir vraiment part à la résurrection du Christ, ton Fils. Lui qui… *— **Amen.***

## Lecture

du livre des Actes des Apôtres (16, 22-34)

*« Crois au Seigneur Jésus, et tu seras sauvé, toi et toute ta maison »*

En ces jours-là, dans la ville de Philippes, la foule se déchaîna contre Paul et Silas. Les magistrats ordonnèrent de leur arracher les vêtements pour leur donner la bastonnade. Après les avoir roués de coups, on les jeta en prison, en donnant au geôlier la consigne de les surveiller de près. Pour appliquer cette consigne, il les mit tout au fond de la prison, avec les pieds coincés dans des blocs de bois.

Vers le milieu de la nuit, Paul et Silas priaient et chantaient les louanges de Dieu, et les autres détenus les écoutaient. Tout à coup, il y eut un violent tremblement de terre, qui secoua les fondations de la prison : à l'instant même, toutes les portes s'ouvrirent, et les liens de tous les détenus se détachèrent. Le geôlier, tiré de son sommeil, vit que les portes de la prison étaient ouvertes; croyant que les détenus s'étaient évadés, il dégaina son épée et il était sur le point de se donner la mort. Mais Paul se mit à crier d'une voix forte : « Ne va pas te faire de mal, nous sommes tous là. » Ayant réclamé de la lumière, le geôlier se précipita et, tout tremblant, se jeta aux pieds de Paul et de Silas. Puis il les emmena dehors et leur demanda : « Que dois-je faire pour être sauvé, mes seigneurs ? » Ils lui répondirent : « Crois au Seigneur Jésus, et tu seras sauvé, toi et toute ta maison. » Ils lui annoncèrent la parole du Seigneur, ainsi qu'à tous ceux qui vivaient dans sa maison. À l'heure même, en pleine nuit, le geôlier les emmena pour laver leurs plaies. Aussitôt, il reçut le baptême* avec tous les siens. Puis il fit monter chez lui Paul et Silas, il fit préparer la table et, avec toute sa maison, il laissa déborder sa joie de croire en Dieu. – Parole du Seigneur.

## Psaume 137 (138)

℟ ***Ta main droite me sauve, Seigneur.***

*OU*

***Alléluia !***

De tout mon cœur, Seigneur,
je te rends grâce :
tu as entendu les paroles de ma bouche.

Je te chante en présence des anges,
vers ton temple sacré,
je me prosterne. ℟

Je rends grâce à ton nom
pour ton amour et ta vérité,
car tu élèves, au-dessus de tout,
ton nom et ta parole.
Le jour où tu répondis à mon appel,
tu fis grandir en mon âme la force. ℟

Ta droite me rend vainqueur.
Le Seigneur fait tout pour moi !
Seigneur, éternel est ton amour :
n'arrête pas l'œuvre de tes mains. ℟

### *Acclamation de l'Évangile*

***Alléluia. Alléluia.*** Je vous enverrai l'Esprit de vérité, dit le Seigneur ; il vous conduira dans la vérité tout entière. ***Alléluia.***

## *Évangile de Jésus Christ*

selon saint Jean (16, 5-11)

*« Si je ne m'en vais pas, le Défenseur ne viendra pas à vous »*

En ce temps-là, Jésus disait à ses disciples : « Je m'en vais maintenant auprès de Celui qui m'a envoyé, et aucun de vous ne me demande : "Où vas-tu ?" Mais, parce que je vous dis cela, la tristesse remplit votre cœur. Pourtant, je vous dis la vérité : il vaut mieux pour vous que je m'en aille, car, si je ne m'en vais pas, le Défenseur ne viendra pas à vous ; mais si je pars, je vous l'enverrai. Quand il viendra, il établira la culpabilité du monde en matière de péché, de justice et de jugement. En matière de péché, puisqu'on ne croit pas en moi. En matière de justice, puisque je m'en vais auprès du Père, et que vous ne me verrez plus. En matière de jugement, puisque déjà le prince de ce monde est jugé. »

### *Prière sur les offrandes*

Donne-nous, Seigneur, nous t'en prions, de toujours te rendre grâce par ces mystères de Pâques ; qu'ils continuent l'œuvre de notre relèvement et deviennent pour nous une source intarissable de joie. Par le Christ, notre Seigneur. — ***Amen.***

*Préface du temps pascal, p. 227.*

### *Antienne de la communion*

Il fallait que le Christ
connaisse la souffrance
et ressuscite d'entre les morts
pour entrer dans sa gloire, alléluia.
(cf. Lc 24, 46.26)

### *Prière après la communion*

Écoute nos prières, Seigneur : que cet échange très saint où l'homme est racheté nous soutienne durant la vie présente et nous procure les joies éternelles. Par le Christ, notre Seigneur.
— ***Amen.***

## INVITATION

Aujourd'hui, je peux demander à quelqu'un de prier pour moi,
et moi, m'engager à prier pour lui.

## COMMENTAIRE

**Une joie irrépressible** Actes 16, 22-34

**Le geôlier qui se met à croire au Seigneur Jésus est pris d'une joie débordante après son baptême. Pour autant, les épreuves ne font que commencer, car les détenus dont il avait la charge se sont bel et bien évadés. Il témoigne d'une espérance profonde qui affronte les événements. Sauvé d'un désespoir au goût de mort, le Philippien nous partage la joie de savoir que chaque instant de notre vie appartient à Jésus.** ■

*Nicolas Tarralle, prêtre assomptionniste*

## ❊ CLÉ DE LECTURE

**« Il reçut le baptême »** Actes 16, 33 *(p. 187)*

**Ce récit qui mêle des éléments merveilleux à la responsabilité concrète d'un simple geôlier romain nous offre une belle catéchèse chrétienne. Le fond de tableau est un « grand séisme », un bouleversement profond des cœurs et parfois des corps, expression de l'action de Dieu et de l'intervention de l'Esprit, provoquant un renouveau personnel. Les portes s'ouvrent, les liens se détachent : tous sont libérés de leurs enfermements extérieurs et intérieurs, des liens de la mort et de la peur. Il n'est demandé au geôlier que de croire au Seigneur Jésus. À la mode antique, c'est une maison qui devient chrétienne : le salut offert par la parole des Apôtres se manifeste dans le baptême reçu et le repas partagé dans la joie commune.** ■

*Roselyne Dupont-Roc, bibliste*

# MERCREDI 28 MAI 2025

6E SEMAINE DE PÂQUES COULEUR LITURGIQUE : BLANC

**Temps pascal**, *messe de la férie*

### *Antienne d'ouverture*

**Je te rendrai grâce parmi les peuples, Seigneur ;**
**je proclamerai ton nom devant mes frères, alléluia.** (Ps 17, 50 ; 21, 23)

### *Prière*

Puisque nous célébrons dans la foi, Seigneur, la résurrection de ton Fils, accorde-nous de partager la joie de tous les saints lors de son avènement. Lui qui…

***— Amen.***

## Lecture

du livre des Actes des Apôtres (17, 15.22 – 18, 1)

*« Ce que vous vénérez sans le connaître, voilà ce que, moi, je viens vous annoncer »*

**En ces jours-là, ceux qui escortaient Paul le conduisirent jusqu'à Athènes. Puis ils s'en retournèrent, porteurs d'un message, avec l'ordre, pour Silas et Timothée, de rejoindre Paul le plus tôt possible.**

**Alors Paul, debout au milieu de l'Aréopage, fit ce discours : « Athéniens, je peux observer que vous êtes, en toutes choses, des hommes particulièrement religieux. En effet, en me promenant et en observant vos monuments sacrés, j'ai même trouvé un autel avec cette inscription : "Au dieu inconnu." Or, ce que vous vénérez sans le connaître, voilà ce que, moi, je viens**

vous annoncer. Le Dieu qui a fait le monde et tout ce qu'il contient, lui qui est Seigneur du ciel et de la terre, n'habite pas des sanctuaires faits de main d'homme ; il n'est pas non plus servi par des mains humaines, comme s'il avait besoin de quoi que ce soit, lui qui donne à tous la vie, le souffle et tout le nécessaire. À partir d'un seul homme, il a fait tous les peuples pour qu'ils habitent sur toute la surface de la terre, fixant les moments de leur histoire et les limites de leur habitat ; Dieu les a faits pour qu'ils le cherchent et, si possible, l'atteignent et le trouvent, lui qui, en fait, n'est pas loin de chacun de nous. Car c'est en lui que nous avons la vie, le mouvement et l'être.

« Ainsi l'ont également dit certains de vos poètes : *Nous sommes de sa descendance.* Si donc nous sommes de la descendance de Dieu, nous ne devons pas penser que la divinité est pareille à une statue d'or, d'argent ou de pierre sculptée par l'art et l'imagination de l'homme. Et voici que Dieu, sans tenir compte des temps où les hommes l'ont ignoré, leur enjoint maintenant de se convertir, tous et partout. En effet, il a fixé le jour où il va juger la terre avec justice, par un homme qu'il a établi pour cela, quand il l'a accrédité auprès de tous en le ressuscitant d'entre les morts. »

Quand ils entendirent parler de résurrection des morts, les uns se moquaient, et les autres déclarèrent : « Là-dessus nous t'écouterons une autre fois. » C'est ainsi que Paul, se retirant du milieu d'eux, s'en alla. Cependant quelques hommes s'attachèrent à lui et devinrent croyants*. Parmi eux, il y avait Denys, membre de l'Aréopage, et une femme nommée Damaris, ainsi que d'autres avec eux.

Après cela, Paul s'éloigna d'Athènes et se rendit à Corinthe.

– Parole du Seigneur.

## *Psaume* 148

℟ ***Le ciel et la terre sont remplis de ta gloire.***

*OU*

***Alléluia !***

Louez le Seigneur du haut des cieux,
louez-le dans les hauteurs.
Vous, tous ses anges, louez-le,
louez-le, tous les univers. ℟

Les rois de la terre et tous les peuples,
les princes et tous les juges de la terre ;
tous les jeunes gens et jeunes filles,
les vieillards comme les enfants. ℟

Qu'ils louent le nom du Seigneur,
le seul au-dessus de tout nom ;
sur le ciel et sur la terre, sa splendeur :
louange de tous ses fidèles ! ℟

### *Acclamation de l'Évangile*

***Alléluia. Alléluia.*** Moi, je prierai le Père, et il vous donnera un autre Défenseur qui sera pour toujours avec vous. ***Alléluia.***

## *Évangile de Jésus Christ*

selon saint Jean (16, 12-15)

*« L'Esprit de vérité vous conduira dans la vérité tout entière »*

**En ce temps-là, Jésus disait à ses disciples : « J'ai encore beaucoup de choses à vous dire, mais pour l'instant vous ne pouvez pas les porter. Quand il viendra, lui, l'Esprit de vérité, il vous conduira dans la vérité tout entière. En effet, ce qu'il dira ne viendra pas de lui-même : mais**

25 - 31

ce qu'il aura entendu, il le dira ; et ce qui va venir, il vous le fera connaître. Lui me glorifiera, car il recevra ce qui vient de moi pour vous le faire connaître. Tout ce que possède le Père est à moi ; voilà pourquoi je vous ai dit : L'Esprit reçoit ce qui vient de moi pour vous le faire connaître. »

### *Prière sur les offrandes*

Seigneur notre Dieu, dans l'admirable échange du sacrifice eucharistique, tu nous fais participer à ton unique et souveraine divinité ; nous avons reçu la connaissance de ta vérité : accorde-nous de lui être fidèles par toute notre vie. Par le Christ, notre Seigneur. — ***Amen.***

*Préface du temps pascal, p. 227.*

### *Antienne de la communion*

Je vous ai choisis en vous prenant
dans le monde, dit le Seigneur,
afin que vous alliez,
que vous portiez du fruit
et que votre fruit demeure, alléluia.
(Jn 15, 19.16)

### *Prière après la communion*

Dans ta bienveillance, reste auprès de ton peuple, nous t'en prions, Seigneur ; puisque tu l'as initié aux sacrements du ciel, fais-le passer de ce qui est ancien à la vie nouvelle. Par le Christ, notre Seigneur. — ***Amen.***

## INVITATION

En cette veille de l'Ascension, comme les Apôtres qui voient le Ressuscité s'élever vers le ciel, j'accueille sa confiance pour poursuivre son œuvre sur terre.

## COMMENTAIRE

**Le Souffle en mission** Jean 16, 12-15

**La mission de l'Esprit Saint est de nous faire connaître la vérité. Et cette connaissance est inséparablement amour. Amour et vérité se rencontrent, dit le psalmiste (Ps 84 [85], 11), justice et paix s'embrassent. Notre désir de vérité est donc mû par l'Esprit de réconciliation. Dans un monde bruyant de guerres, laissons l'Esprit du Christ nous apporter la connaissance intérieure et contagieuse d'une véritable paix. ■**

***Nicolas Tarralle**, prêtre assomptionniste*

## ✲ CLÉ DE LECTURE

**« Devinrent croyants »** Actes 17, 34 *(p. 192)*

**Mystère de l'acte de foi. Paul n'a pas échoué à Athènes, pas plus et pas moins qu'ailleurs. La foi chrétienne ne propose pas une adhésion massive, elle sollicite chacun dans le secret de son cœur. Le discours d'Athènes s'adresse à un monde saturé de dieux et à quelques philosophes à la critique aiguisée. Il ne convainc pleinement ni ceux qui craignaient la colère d'un dieu oublié ni ceux qui savaient s'en moquer. Mais le discours de Paul montre qu'il faut passer le pas, abandonner et nos peurs et nos désirs. Il faut accepter que toutes nos attentes soient déboutées et qu'une autre forme de vie soit possible, malgré la mort : celle de cet homme que Dieu invite tous les humains à rejoindre dans une confiance nouvelle en une humanité rendue juste. ■**

***Roselyne Dupont-Roc**, bibliste*

# JEUDI 29 MAI 2025

## ASCENSION DU SEIGNEUR

**ANNÉE C – COULEUR LITURGIQUE : BLANC**

*« Et moi, je vais envoyer sur vous ce que mon Père a promis. »* Luc 24, 49



**« À vous d'en être les témoins. »** La solennité de ce jour marque l'ultime étape, décisive, de la mission du Christ qui s'est offert pour la multitude. Suite à son Incarnation–Passion-Résurrection–Ascension, il nous confie la mission d'annoncer le salut à tous les hommes, avec l'aide de l'Esprit Saint qu'il a promis aux disciples de tous les temps.

## RITES INITIAUX

***Chant d'entrée*** *(Suggestions p. 249)*

*OU*

***Antienne d'ouverture***

Hommes de Galilée, pourquoi restez-vous là à regarder vers le ciel ?
Il viendra de la même manière,
celui que vous avez vu s'en aller vers le ciel, alléluia. (cf. Ac 1, 11)

***Suggestion de préparation pénitentielle*** *(ou p. 219)*

Frères et sœurs, en ce jour où le Christ est élevé dans la gloire du Père, levons les yeux et demandons, dans la confiance, qu'il purifie nos cœurs de tout péché.

Seigneur Jésus, tu es venu sur terre pour nous ouvrir la joie du ciel, béni sois-tu et prends pitié de nous.

***— Béni sois-tu et prends pitié de nous.***

Ô Christ, tu as offert ta vie pour le salut de tous les hommes, béni sois-tu et prends pitié de nous.

***— Béni sois-tu et prends pitié de nous.***

Seigneur, tu nous envoies jusqu'aux extrémités de la terre, béni sois-tu et prends pitié de nous.

***— Béni sois-tu et prends pitié de nous.***

Que Dieu tout-puissant nous fasse miséricorde ; qu'il nous pardonne nos péchés et nous conduise à la vie éternelle. ***— Amen.***

*(On peut aussi prendre le rite de l'aspersion, p. 221.)*

*Gloire à Dieu* *(p. 222)*

### *Prière*

Dieu tout-puissant, fais-nous exulter d'une joie sainte et nous réjouir dans une fervente action de grâce, car l'ascension de ton Fils, le Christ, nous introduit déjà auprès de toi, nous, les membres du corps dont il est la tête, appelés à vivre en espérance dans la gloire où il nous a précédés. Lui qui… ***— Amen.***

*OU*

Nous t'en prions, Dieu tout-puissant : puisque nous croyons que ton Fils unique, notre Rédempteur, est aujourd'hui monté au ciel, accorde-nous d'habiter en esprit dans la demeure des cieux. Par Jésus… ***— Amen.***

## LITURGIE DE LA PAROLE

### *Lecture* du livre des Actes des Apôtres (1, 1-11)

*« Tandis que les Apôtres le regardaient, il s'éleva »*

**Cher Théophile, dans mon premier livre, j'ai parlé de tout ce que Jésus a fait et enseigné depuis le moment où il commença, jusqu'au jour où il fut enlevé au ciel, après avoir, par l'Esprit Saint, donné ses instructions aux Apôtres qu'il avait choisis. C'est à eux qu'il s'est présenté vivant après sa Passion ; il leur en a donné bien des preuves, puisque, pendant quarante jours, il leur est apparu et**

leur a parlé du royaume de Dieu. Au cours d'un repas qu'il prenait avec eux, il leur donna l'ordre de ne pas quitter Jérusalem, mais d'y attendre que s'accomplisse la promesse du Père. Il déclara : « Cette promesse, vous l'avez entendue de ma bouche : alors que Jean a baptisé avec l'eau, vous, c'est dans l'Esprit Saint que vous serez baptisés d'ici peu de jours. » Ainsi réunis, les Apôtres l'interrogeaient : « Seigneur, est-ce maintenant le temps où tu vas rétablir le royaume pour Israël ? » Jésus leur répondit : « Il ne vous appartient pas de connaître les temps et les moments que le Père a fixés de sa propre autorité. Mais vous allez recevoir une force quand le Saint-Esprit viendra sur vous ; vous serez alors mes témoins à Jérusalem, dans toute la Judée et la Samarie, et jusqu'aux extrémités de la terre. »
Après ces paroles, tandis que les Apôtres le regardaient, il s'éleva, et une nuée vint le soustraire à leurs yeux. Et comme ils fixaient encore le ciel où Jésus s'en allait, voici que, devant eux, se tenaient deux hommes en vêtements blancs, qui leur dirent : « Galiléens, pourquoi restez-vous là à regarder vers le ciel ? Ce Jésus qui a été enlevé au ciel d'auprès de vous, viendra de la même manière que vous l'avez vu s'en aller vers le ciel. »
– Parole du Seigneur.

## *Psaume* 46 (47)

℟ ***Dieu s'élève parmi les ovations, le Seigneur, aux éclats du cor.***
OU ***Alléluia !***

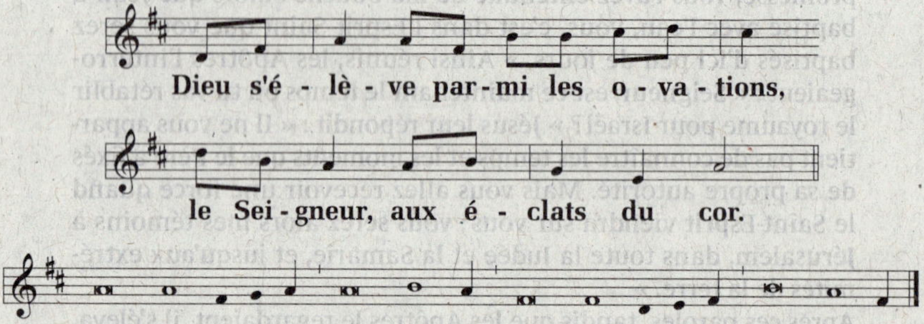


*T. : AELF ; M. : L. Groslambert ; Éd. : ADF.*

Tous les peuples, battez des mains,
acclamez Dieu par vos cris de joie !
Car le Seigneur est le Très-Haut, le redoutable,
le grand roi sur toute la terre. ℟

Dieu s'élève parmi les ovations,
le Seigneur, aux éclats du cor.
Sonnez pour notre Dieu, sonnez,
sonnez pour notre roi, sonnez ! ℟

**Écoutez ce psaume sur www.prionseneglise.fr/messe-du-dimanche**

Car Dieu est le roi de la terre :
que vos musiques l'annoncent !
Il règne, Dieu, sur les païens,
Dieu est assis sur son trône sacré. ℟

**Lecture** de la lettre aux Hébreux (9, 24-28 ; 10, 19-23)

*« Le Christ est entré dans le ciel même »*

Le Christ n'est pas entré dans un sanctuaire fait de main d'homme, figure du sanctuaire véritable ; il est entré dans le ciel même, afin de se tenir maintenant pour nous devant la face de Dieu. Il n'a pas à s'offrir lui-même plusieurs fois, comme le grand prêtre qui, tous les ans, entrait dans le sanctuaire en offrant un sang qui n'était pas le sien ; car alors, le Christ aurait dû plusieurs fois souffrir la Passion depuis la fondation du monde. Mais en fait, c'est une fois pour toutes, à la fin des temps, qu'il s'est manifesté pour détruire le péché par son sacrifice. Et, comme le sort des hommes est de mourir une seule fois et puis d'être jugés, ainsi le Christ s'est-il offert une seule fois pour enlever les péchés de la multitude ; il apparaîtra une seconde fois, non plus à cause du péché, mais pour le salut de ceux qui l'attendent.

Frères, c'est avec assurance que nous pouvons entrer dans le véritable sanctuaire grâce au sang de Jésus : nous avons là un chemin nouveau et vivant qu'il a inauguré en franchissant le rideau du Sanctuaire ; or, ce rideau est sa chair. Et nous avons le prêtre par

excellence, celui qui est établi sur la maison de Dieu. Avançons-nous donc vers Dieu avec un cœur sincère et dans la plénitude de la foi, le cœur purifié de ce qui souille notre conscience, le corps lavé par une eau pure. Continuons sans fléchir d'affirmer notre espérance, car il est fidèle, celui qui a promis.
– Parole du Seigneur.

### *Acclamation de l'Évangile*

***Alléluia. Alléluia.*** De toutes les nations faites des disciples, dit le Seigneur. Moi, je suis avec vous tous les jours jusqu'à la fin du monde.
***Alléluia.***

*IU 56-65; M. : P. Robert; Bayard Liturgie.*

## *Évangile de Jésus Christ* selon saint Luc (24, 46-53)

*« Tandis qu'il les bénissait, il était emporté au ciel »*

En ce temps-là, Jésus ressuscité, apparaissant à ses disciples, leur dit : « Il est écrit que le Christ souffrirait, qu'il ressusciterait d'entre les morts le troisième jour, et que la conversion serait proclamée en son nom, pour le pardon des péchés, à toutes les nations, en commençant par Jérusalem. À vous d'en être les témoins. Et moi, je vais envoyer sur vous ce que mon Père a promis. Quant à vous, demeurez dans la ville jusqu'à ce que vous soyez revêtus d'une puissance venue d'en haut. »
Puis Jésus les emmena au-dehors, jusque vers Béthanie ; et, levant les mains, il les bénit. Or, tandis qu'il les bénissait, il se sépara d'eux et il était emporté au ciel. Ils se prosternèrent devant lui, puis ils retournèrent à Jérusalem, en grande joie. Et ils étaient sans cesse dans le Temple à bénir Dieu.

### *Homélie*

### *Profession de foi* (p. 223)

## *Suggestion de prière universelle*

*Le prêtre :*

Frères et sœurs, « d'un cœur sincère et dans la plénitude de la foi » prions le Père pour les plus pauvres de ses enfants.

℟ ***Seigneur, entends la prière qui monte de nos cœurs.***

*E 25 Éditions du Chalet.*

*Le diacre ou un lecteur :*

L'Église proclame la conversion à toutes les nations. Pour qu'elle ajuste son message aux attentes des hommes de ce temps, Père, donne-lui ton Esprit. ℟

Pour le Seigneur, nulle frontière entre les peuples. Pour que les dirigeants des nations travaillent ensemble pour la paix, la concorde et la fraternité, Père, donne-leur ton Esprit. ℟

Les malades et les désespérés n'osent plus croire à une vie meilleure. Pour qu'ils soient accompagnés par des témoins de l'espérance chrétienne, Père, envoie ton Esprit. ℟

Le ciel est l'horizon de notre vie mais il ne nous dispense pas de notre mission sur terre. Pour que les baptisés et les jeunes prochainement confirmés soient disciples missionnaires et témoignent de la joie qui les habite, Père, donne-leur ton Esprit. ℟

*(Ces intentions seront adaptées ou modifiées selon les circonstances. On peut aussi s'inspirer de l'intention universelle du Saint-Père, p. 6.)*

*Le prêtre :*

Père de toute grâce, en ce jour où nous célébrons l'ascension de ton Fils auprès de toi, nous te supplions : fais connaître à tous les hommes l'éternelle fidélité de ton amour. Par le Christ, notre Seigneur. ***– Amen.***

## LITURGIE EUCHARISTIQUE

### *Prière sur les offrandes*

Seigneur, en ce jour où nous fêtons l'admirable ascension de ton Fils auprès de toi, nous te présentons humblement ce sacrifice ; nous t'en prions, fais que cet échange très saint élève nos cœurs vers les réalités célestes. Par le Christ, notre Seigneur. ***– Amen.***

### *Prière eucharistique* *(Préface de l'Ascension)*

Vraiment, il est juste et bon, pour ta gloire et notre salut, de t'offrir notre action de grâce, toujours et en tout lieu, Seigneur, Père très saint, Dieu éternel et tout-puissant. Car le Seigneur Jésus, le Roi de gloire, vainqueur du péché et de la mort, s'élève aujourd'hui au plus haut des cieux devant les anges émerveillés, lui, le Médiateur entre Dieu et les hommes, Juge du monde et Seigneur de l'univers. Sans quitter notre condition humaine, le premier, il entre au ciel, tête de l'Église et commencement de tout ce qui existe, et il donne aux membres de son Corps l'espérance de le rejoindre un jour. C'est pourquoi la joie pascale rayonne par tout l'univers, la terre entière exulte, les puissances d'en haut et les anges dans le ciel chantent sans fin l'hymne de ta gloire : ***Saint ! Saint ! Saint...***

***Chant de communion*** *(Suggestions p. 249)*

*OU*

***Antienne de la communion***

Je suis avec vous tous les jours jusqu'à la fin du monde, alléluia.
(Mt 28, 20)

***Prière après la communion***

Dieu éternel et tout-puissant, tu nous donnes d'avoir part aux mystères divins alors que nous sommes encore sur la terre ; mets en nos cœurs un grand désir d'être unis au Christ en qui notre nature humaine est déjà près de toi. Lui qui... — ***Amen.***

## RITE DE CONCLUSION

*Bénédiction solennelle*

Aujourd'hui, le Fils unique est entré au plus haut des cieux, il a ouvert la voie pour que vous puissiez vous élever jusqu'à lui ; que Dieu tout-puissant vous comble de sa bénédiction.

***— Amen.***

Après sa résurrection, le Christ s'est manifesté à ses disciples : quand il viendra pour le jugement, qu'il vous soit favorable à jamais.

***— Amen.***

Le Christ, vous le croyez, siège avec le Père dans la gloire : puissiez-vous éprouver, avec joie, qu'il reste auprès de vous jusqu'à la fin du monde, comme il vous l'a promis.

***— Amen.***

Et que la bénédiction de Dieu tout-puissant, le Père, et le Fils, ✣ et le Saint-Esprit, descende sur vous et y demeure toujours.

***— Amen.***

*Envoi*

COMMENTAIRE DU JEUDI DE L'ASCENSION

**Anne Da,** xavière

# La séparation n'est pas l'absence

Par l'offrande de sa vie, Jésus a accompli la mission reçue du Père : rassembler dans l'unité les enfants de Dieu dispersés. Tandis qu'il retourne auprès du Père, les disciples sont convoqués à vivre la séparation d'avec leur Maître et Seigneur, forts d'une promesse : ils vont recevoir la force du Saint-Esprit pour être « témoins à Jérusalem, dans toute la Judée et la Samarie, et jusqu'aux extrémités de la terre ». Les disciples nous entraînent à vivre le quotidien le plus ordinaire avec un regard qui discerne l'extraordinaire de la présence du Seigneur : « Je suis avec vous tous les jours pour toujours. »

L'évangile l'atteste, les disciples s'en retournent à Jérusalem en grande joie. Cette joie, cette consolation reçue au cœur de l'épreuve de la séparation est un don du Seigneur lui-même. La

joie et la louange fortifient ceux et celles qui continuent sans fléchir d'affirmer leur espérance.
Au cœur de l'année jubilaire, ouvrons l'oreille à l'appel du Seigneur. Il nous invite à nous ancrer dans l'attente de la réalisation de sa promesse. Ainsi revêtus de la force de l'Esprit, nous agirons, chacun et chacune, en témoins dans notre quotidien, là où nous sommes et jusqu'aux extrémités de la terre. Le pape François aime interpeller les croyants : « Ne vous laissez pas voler l'espérance ! Ne vous laissez pas voler la joie de l'évangélisation. »

Comment vivre au quotidien la joie de l'attente du don de l'Esprit promis par le Seigneur ?

Ai-je le désir d'aider d'autres à s'ouvrir à l'accueil de la promesse du Seigneur, à la joie de l'Évangile ? ■

# VENDREDI 30 MAI 2025

**6ᴱ SEMAINE DE PÂQUES COULEUR LITURGIQUE : BLANC**

**Sainte Jeanne d'Arc** *(Mémoire en France)*

*XVᵉ siècle. Patronne secondaire de la France qu'elle se sentit appelée, par le « Roi des Cieux », à libérer de l'occupation anglaise. Héroïne glorieuse et femme de foi.*

## *Antienne d'ouverture*

**Louons le Seigneur notre Dieu, il n'a pas abandonné ceux qui comptent sur lui : il a tenu envers nous ses promesses de miséricorde.** (Jdt 13, 17-18)

## *Prière*

Seigneur Dieu, tu as choisi sainte Jeanne d'Arc pour venir au secours de son pays ; accorde-nous, à son intercession, de travailler pour la justice et de vivre dans la paix. Par Jésus… ***— Amen.***

## Lecture

du livre des Actes des Apôtres (18, 9-18)

*« Dans cette ville j'ai pour moi un peuple nombreux »*

**À Corinthe, une nuit, le Seigneur dit à Paul dans une vision : « Sois sans crainte : parle, ne garde pas le silence. Je suis avec toi, et personne ne s'en prendra à toi pour te maltraiter, car dans cette ville j'ai pour moi un peuple nombreux. » Paul y séjourna un an et demi et il enseignait parmi les Corinthiens la parole de Dieu. Sous le proconsulat de Gallion en Grèce, les Juifs, unanimes, se dressèrent contre Paul et l'amenèrent devant le tribunal, en disant : « La manière dont cet individu incite les gens à adorer le Dieu unique est contraire à la loi. » Au moment où Paul allait**

ouvrir la bouche, Gallion déclara aux Juifs : « S'il s'agissait d'un délit ou d'un méfait grave, je recevrais votre plainte à vous, Juifs, comme il se doit. Mais s'il s'agit de débats sur des mots, sur des noms et sur la Loi qui vous est propre, cela vous regarde. Être juge en ces affaires, moi je m'y refuse. » Et il les chassa du tribunal. Tous alors se saisirent de Sosthène, chef de synagogue, et se mirent à le frapper devant le tribunal, tandis que Gallion restait complètement indifférent.

Paul demeura encore assez longtemps à Corinthe. Puis il fit ses adieux aux frères et s'embarqua pour la Syrie, accompagné de Priscille et d'Aquila. À Cencrées, il s'était fait raser la tête, car le vœu qui le liait avait pris fin.

– Parole du Seigneur.

## *Psaume* 46 (47)

℟ ***Dieu est le roi de toute la terre.***
*OU* ***Alléluia !***

Tous les peuples, battez des mains,
acclamez Dieu par vos cris de joie !
Car le Seigneur est le Très-Haut, le redoutable,
le grand roi sur toute la terre. ℟

Celui qui nous soumet des nations,
qui tient des peuples sous nos pieds ;
il choisit pour nous l'héritage,
fierté de Jacob, son bien-aimé. ℟

Dieu s'élève parmi les ovations,
le Seigneur, aux éclats du cor.
Sonnez pour notre Dieu, sonnez,
sonnez pour notre roi, sonnez ! ℟

### Acclamation de l'Évangile

***Alléluia. Alléluia.*** Le Christ devait souffrir et ressusciter d'entre les morts pour entrer dans la gloire. ***Alléluia.***

## Évangile de Jésus Christ

selon saint Jean (16, 20-23a)

*« Votre joie, personne ne vous l'enlèvera »*

**En ce temps-là, Jésus disait à ses disciples : « Amen, amen, je vous le dis : vous allez pleurer et vous lamenter, tandis que le monde se réjouira ; vous serez dans la peine, mais votre peine se changera en joie. La femme qui enfante est dans la peine parce que son heure est arrivée. Mais, quand l'enfant est né, elle ne se souvient plus de sa souffrance, tout heureuse qu'un être humain soit venu au monde. Vous aussi, maintenant, vous êtes dans la peine, mais je vous reverrai, et votre cœur se réjouira ; et votre joie, personne ne vous l'enlèvera. En ce jour-là, vous ne me poserez plus de questions. »**

### Prière sur les offrandes

Accueille, Seigneur, en la fête de sainte Jeanne d'Arc, l'offrande pure de ton Fils, victime qui nous sauve ; accorde-nous de t'aimer en tout et plus que tout, afin de vivre pour la louange de ta gloire. Par le Christ, notre Seigneur. ***— Amen.***

*1re préface des saints, p. 231.*

### *Antienne de la communion*

Si je traverse les ravins de la mort,
je ne crains aucun mal,
car tu es avec moi :
ton bâton me guide et me rassure.
(Ps 22, 4)

### *Prière après la communion*

Tu nous as fortifiés, Seigneur, par le pain du ciel où sainte Jeanne trouva tant de fois lumière et réconfort ; fais que cet aliment du salut nous soutienne dans le service de nos frères. Par le Christ, notre Seigneur. **— *Amen.***

## INVITATION

Je peux m'associer à la prière des familles, des grands-parents et des personnes âgées qui se réunissent à Rome cette semaine, pour l'année sainte.

## COMMENTAIRE

### Sois sans crainte

Actes 18, 9-18

**À Corinthe, Paul témoigne activement de la vérité du Dieu unique. Il cherche à le faire connaître en enseignant la Parole qui lui est adressée. Comme Marie, il s'entend dire : « Sois sans crainte », et reçoit l'assurance que le Seigneur est avec lui. Tout le reste n'est que tribulation superficielle. Lorsqu'il quitte la ville au bout d'un an et demi, il a comme enfanté la communauté chrétienne de Corinthe. ■**

***Nicolas Tarralle**, prêtre assomptionniste*

# SAMEDI 31 MAI 2025

COULEUR LITURGIQUE : BLANC

**La Visitation de la bienheureuse Vierge Marie**

*Une charité attentive, la joie d'un cœur ouvert au projet divin… La rencontre de Marie et Élisabeth fait déjà percevoir des signes du salut apporté par le Christ.*

## *Antienne d'ouverture*

**Venez, écoutez, vous tous qui craignez Dieu :**
**je vous dirai ce que le Seigneur a fait pour mon âme, alléluia.** (Ps 65, 16)

## *Gloire à Dieu* *(p. 222)*

## *Prière*

Dieu éternel et tout-puissant, tu as inspiré à la bienheureuse Vierge Marie, qui portait en elle ton propre Fils, de rendre visite à Élisabeth ; accorde-nous d'être dociles au souffle de l'Esprit afin de pouvoir, avec elle, te magnifier éternellement. Par Jésus… ***— Amen.***

*Lectures propres à la fête de la Visitation de la bienheureuse Vierge Marie.*

## Lecture

du livre du prophète Sophonie (3, 14-18)

*« Le roi d'Israël, le Seigneur, est en toi »*

Pousse des cris de joie, fille de Sion ! Éclate en ovations, Israël ! Réjouis-toi, de tout ton cœur bondis de joie, fille de Jérusalem ! Le Seigneur a levé les sentences qui pesaient sur toi, il a écarté tes ennemis. Le roi d'Israël, le Seigneur, est en toi. Tu n'as plus à craindre le malheur. Ce jour-là, on dira à Jérusalem : « Ne crains pas, Sion !

Ne laisse pas tes mains défaillir ! Le Seigneur ton Dieu est en toi, c'est lui, le héros qui apporte le salut. Il aura en toi sa joie* et son allégresse, il te renouvellera par son amour ; il exultera pour toi et se réjouira, comme aux jours de fête. » J'ai écarté de toi le malheur, pour que tu ne subisses plus l'humiliation.
– Parole du Seigneur.

*On peut aussi lire la lettre de saint Paul apôtre aux Romains 12, 9-16b.*

## *Cantique* Isaïe 12, 2, 3, 4abcd, 4e-5, 6

℟ ***Il est grand au milieu de toi, le Dieu Saint d'Israël.***

Voici le Dieu qui me sauve :
j'ai confiance, je n'ai plus de crainte.
Ma force et mon chant, c'est le Seigneur ;
il est pour moi le salut. ℟

Exultant de joie,
vous puiserez les eaux
aux sources du salut. ℟

Ce jour-là, vous direz :
« Rendez grâce au Seigneur,
proclamez son nom,
annoncez parmi les peuples
ses hauts faits ! » ℟

Redites-le : « Sublime est son nom ! »
Jouez pour le Seigneur,
il montre sa magnificence,
et toute la terre le sait. ℟

Jubilez, criez de joie,
habitants de Sion,
car il est grand au milieu de toi,
le Saint d'Israël ! ℟

### *Acclamation de l'Évangile*

***Alléluia. Alléluia.*** Heureuse es-tu, Vierge Marie, toi qui as cru que s'accompliraient pour toi les paroles du Seigneur. ***Alléluia.***

## *Évangile de Jésus Christ*

selon saint Luc (1, 39-56)

*« D'où m'est-il donné que la mère de mon Seigneur vienne jusqu'à moi ? »*

**En ces jours-là, Marie se mit en route et se rendit avec empressement vers la région montagneuse, dans une ville de Judée. Elle entra dans la maison de Zacharie et salua Élisabeth. Or, quand Élisabeth entendit la salutation de Marie, l'enfant tressaillit en elle. Alors, Élisabeth fut remplie d'Esprit Saint, et s'écria d'une voix forte : « Tu es bénie entre toutes les femmes, et le fruit de tes entrailles est béni. D'où m'est-il donné que la mère de mon Seigneur vienne jusqu'à moi ? Car, lorsque tes paroles de salutation sont parvenues à mes oreilles, l'enfant a tressailli d'allégresse en moi. Heureuse celle qui a cru à l'accomplissement des paroles qui lui furent dites de la part du Seigneur. » Marie dit alors : « Mon âme exalte le Seigneur, exulte mon esprit en Dieu, mon Sauveur ! Il s'est penché sur son humble servante ; désormais tous les âges me diront bienheureuse. Le Puissant fit pour moi des merveilles ; Saint est son nom ! Sa miséricorde s'étend d'âge en âge sur ceux qui le craignent. Déployant la force de son bras, il disperse les superbes. Il renverse les puissants de leurs trônes, il élève les humbles. Il comble de biens les affamés, renvoie les riches les mains vides. Il relève Israël son serviteur, il se souvient de son amour**

de la promesse faite à nos pères, en faveur d'Abraham et sa descendance à jamais. »

Marie resta avec Élisabeth environ trois mois, puis elle s'en retourna chez elle.

### *Prière sur les offrandes*

Accueille, Seigneur souverain, le sacrifice de salut que nous offrons, comme tu as aimé la charité empressée de la Mère bienheureuse de ton Fils unique. Lui qui… ***— Amen.***

*2e préface de la Vierge Marie, p. 229.*

### *Antienne de la communion*

Tous les âges me diront bienheureuse,
car le Puissant fit pour moi
des merveilles ; saint est son nom !
Alléluia.

(Lc 1, 48-49)

### *Prière après la communion*

Que ton Église te magnifie, Seigneur Dieu, toi qui as fait des merveilles pour tes fidèles ; comme le bienheureux Jean Baptiste, tressaillant d'allégresse, a discerné le Christ encore caché dans le sein de sa Mère, que nous percevions avec joie dans le sacrement de l'eucharistie ce même Christ toujours vivant. Lui qui… ***— Amen.***



## INVITATION

Ai-je remarqué, au cours de ce mois de Marie, la grâce de son intercession ?

## COMMENTAIRE

**Première rencontre**

Luc 1, 39-56

**La visite de Marie à Élisabeth est l'occasion d'une première rencontre pour leurs enfants à naître. Plus tard, les deux cousins se retrouveront sur les bords du Jourdain où Jésus, dans l'eau, recevra le baptême de Jean Baptiste. La salutation de Marie à Élisabeth en est le fondement inversé : un baptême dans l'Esprit, dont Jésus est la source et Jean Baptiste l'heureux récipiendaire qui tressaille d'allégresse. ■**

*Nicolas Tarralle, prêtre assomptionniste*

## ❊ CLÉ DE LECTURE

**« En toi sa joie »**

Sophonie 3, 17 *(p. 215)*

**Il fallait oser ! Non seulement évoquer la « joie » de Dieu en lui attribuant des sentiments très humains, mais encore affirmer que le peuple et la ville font la joie de Dieu. Mais, si nous savons qu'en parlant de Dieu toute analogie suppose une distance et une différence plus grandes encore, nous apprenons aussi par l'Écriture que le Dieu d'Israël, amoureux de son peuple, s'est fait toujours plus proche, au point de partager ses bonheurs et ses malheurs, au point d'accepter d'être dit par le langage humain toujours impropre, dans les catégories les plus banales. Un jour, ce Dieu viendra en son envoyé Jésus partager le plus charnel et le plus humiliant de notre humanité, se réjouir avec ceux qui exultent, souffrir et mourir au milieu des siens. ■**

*Roselyne Dupont-Roc, bibliste*

# Liturgie de la messe

## RITES INITIAUX

*Le chant d'entrée achevé, le prêtre et les fidèles, debout, font le signe de la croix, tandis que le prêtre, tourné vers le peuple, dit :*

Au nom du Père, et du Fils, et du Saint-Esprit.

*Le peuple répond :*

***— Amen.***

### *Salutation*

La grâce de Jésus, le Christ, notre Seigneur, l'amour de Dieu le Père, et la communion de l'Esprit Saint soient toujours avec vous.

***— Et avec votre esprit.***

*Ou bien :* Que la grâce et la paix de Dieu notre Père et du Seigneur Jésus, le Christ, soient toujours avec vous.

***— Et avec votre esprit.***

*Ou bien :* Le Seigneur soit avec vous.

***— Et avec votre esprit.***

### *Acte pénitentiel*

Frères et sœurs, préparons-nous à célébrer le mystère de l'eucharistie, en reconnaissant que nous avons péché.

(1) Je confesse à Dieu tout-puissant, je reconnais devant vous, frères et sœurs, que j'ai péché en pensée, en parole, par action et par omission ; oui, j'ai vraiment péché. C'est pourquoi je supplie la bienheureuse Vierge Marie, les anges et tous les saints, et vous aussi, frères et sœurs, de prier pour moi le Seigneur notre Dieu.

(2) Prends pitié de nous, Seigneur. — ***Nous avons péché contre toi.***
Montre-nous, Seigneur, ta miséricorde. — ***Et donne-nous ton salut.***

(3) Seigneur Jésus, envoyé pour guérir les cœurs qui reviennent vers toi :
Seigneur, prends pitié. — ***Seigneur, prends pitié.***
Ô Christ, venu appeler les pécheurs : ô Christ, prends pitié.
— ***Ô Christ, prends pitié.***
Seigneur, qui sièges à la droite du Père où tu intercèdes pour nous :
Seigneur, prends pitié. — ***Seigneur, prends pitié.***

Que Dieu tout-puissant nous fasse miséricorde ; qu'il nous pardonne nos péchés et nous conduise à la vie éternelle. — ***Amen.***

*Ensuite, on chante ou on dit le Kyrie eleison (Seigneur, prends pitié), à moins qu'il n'ait été déjà employé dans une formule de l'acte pénitentiel (c'est le cas de la précédente).*

Kyrie, eleison. — ***Kyrie, eleison.***
Christe, eleison. — ***Christe, eleison.***
Kyrie, eleison. — ***Kyrie, eleison.***
*ou bien :* Seigneur, prends pitié. — ***Seigneur, prends pitié.***
Ô Christ, prends pitié. — ***Ô Christ, prends pitié.***
Seigneur, prends pitié. — ***Seigneur, prends pitié.***

*(4) Aux messes dominicales, l'aspersion de l'eau bénite peut tenir lieu de préparation pénitentielle.*

Frères et sœurs bien-aimés, demandons au Seigneur de bénir cette eau qu'il a créée ; nous allons en être aspergés en mémoire de notre baptême : que Dieu nous vienne en aide, afin que nous demeurions fidèles à l'Esprit que nous avons reçu.

*Le prêtre prononce sur l'eau une prière d'action de grâce.*

Seigneur, Dieu tout-puissant, sois favorable aux prières de ton peuple : tandis que nous célébrons la merveille de notre création et la merveille plus grande encore de notre rédemption, daigne bénir ✠ cette eau. Tu l'as créée pour féconder la terre et donner à nos corps fraîcheur et pureté. Tu en as fait aussi l'instrument de ta miséricorde : par elle tu as libéré ton peuple de la servitude et tu as étanché sa soif dans le désert ; par elle les prophètes ont annoncé la nouvelle Alliance que tu allais conclure avec l'humanité ; par elle enfin, eau sanctifiée par le Christ au Jourdain, tu as renouvelé notre nature pécheresse dans le bain de la nouvelle naissance. Que cette eau, maintenant, nous rappelle notre baptême et nous fasse participer à la joie de nos frères et sœurs les baptisés de Pâques. Par le Christ, notre Seigneur **— *Amen.***

*Le prêtre circule dans l'assemblée en aspergeant les fidèles pendant que l'on chante un chant baptismal. Par exemple : Par le baptême de renaissance (I 296) ; J'ai vu l'eau vive (I 132).*

Que Dieu tout-puissant nous purifie de nos péchés et, par la célébration de cette eucharistie, nous rende dignes de participer à la table de son royaume. Par le Christ, notre Seigneur. **— *Amen.***

## *Gloire à Dieu*

Gloire à Dieu, au plus haut des cieux, et paix sur la terre aux hommes, qu'il aime. Nous te louons, nous te bénissons, nous t'adorons, nous te glorifions, nous te rendons grâce, pour ton immense gloire, Seigneur Dieu, Roi du ciel, Dieu le Père tout-puissant.
Seigneur, Fils unique, Jésus Christ, Seigneur Dieu,
Agneau de Dieu, le Fils du Père ;
toi qui enlèves les péchés du monde, prends pitié de nous ;
toi qui enlèves les péchés du monde, reçois notre prière ;
toi qui es assis à la droite du Père, prends pitié de nous.
Car toi seul es Saint, toi seul es Seigneur, toi seul es le Très-Haut :
Jésus Christ, avec le Saint-Esprit dans la gloire de Dieu le Père. Amen.

*Gloria in excelsis Deo et in terra pax hominibus bonæ voluntatis. Laudamus te, benedicimus te, adoramus te, glorificamus te, gratias agimus tibi propter magnam gloriam tuam, Domine Deus, Rex cælestis, Deus Pater omnipotens. Domine Fili unigenite, Iesu Christe, Domine Deus, Agnus Dei, Filius Patris, qui tollis peccata mundi, miserere nobis ; qui tollis peccata mundi, suscipe deprecationem nostram.*
*Qui sedes ad dexteram Patris, miserere nobis.*
*Quoniam tu solus Sanctus, tu solus Dominus, tu solus Altissimus,*
*Iesu Christe, cum Sancto Spiritu : in gloria Dei Patris. Amen.*

## *Prière d'ouverture*

*Voir à la date du jour.*

## LITURGIE DE LA PAROLE

*Voir à la date du jour.*

# *Profession de foi*

**Symbole de Nicée-Constantinople**

Je crois en un seul Dieu, le Père tout-puissant,
créateur du ciel et de la terre, de l'univers visible et invisible.
Je crois en un seul Seigneur, Jésus Christ, le Fils unique de Dieu,
né du Père avant tous les siècles : il est Dieu, né de Dieu,
lumière née de la lumière, vrai Dieu, né du vrai Dieu,
engendré, non pas créé, consubstantiel au Père, et par lui tout a été fait.
Pour nous les hommes, et pour notre salut, il descendit du ciel;
par l'Esprit Saint, il a pris chair de la Vierge Marie, et s'est fait homme.
Crucifié pour nous sous Ponce Pilate,
il souffrit sa passion et fut mis au tombeau.
Il ressuscita le troisième jour, conformément aux Écritures,
et il monta au ciel; il est assis à la droite du Père.
Il reviendra dans la gloire, pour juger les vivants et les morts;
et son règne n'aura pas de fin.
Je crois en l'Esprit Saint, qui est Seigneur et qui donne la vie;
il procède du Père et du Fils; avec le Père et le Fils,
il reçoit même adoration et même gloire; il a parlé par les prophètes.
Je crois en l'Église, une, sainte, catholique et apostolique.
Je reconnais un seul baptême pour le pardon des péchés.
J'attends la résurrection des morts, et la vie du monde à venir. Amen.

*Credo in unum Deum, Patrem omnipotentem,*
*Factorem cæli et terræ, visibilium omnium et invisibilium.*
*Et in unum Dominum Iesum Christum, Filium Dei unigenitum,*
*et ex Patre natum ante omnia sæcula.*
*Deum de Deo, lumen de lumine, Deum verum de Deo vero, genitum,*
*non factum, consubstantialem Patri : per quem omnia facta sunt.*
*Qui propter nos homines et propter nostram salutem descendit de cælis.*
*Et incarnatus est de Spiritu Sancto ex Maria Virgine, et homo factus est.*
*Crucifixus etiam pro nobis sub Pontio Pilato ;*
*passus et sepultus est, et resurrexit tertia die, secundum Scripturas,*
*et ascendit in cælum, sedet ad dexteram Patris.*
*Et iterum venturus est cum gloria, iudicare vivos et mortuos,*
*cuius regni non erit finis.*
*Et in Spiritum Sanctum, Dominum et vivificantem :*
*qui ex Patre Filioque procedit.*
*Qui cum Patre et Filio simul adoratur et conglorificatur :*
*qui locutus est per prophetas.*
*Et unam, sanctam, catholicam et apostolicam Ecclesiam.*
*Confiteor unum baptisma in remissionem peccatorum.*
*Et exspecto resurrectionem mortuorum, et vitam venturi sæculi.*
*Amen.*

**Symbole des Apôtres**

Je crois en Dieu, le Père tout-puissant, créateur du ciel et de la terre.
Et en Jésus Christ, son Fils unique, notre Seigneur,
qui a été conçu du Saint-Esprit, est né de la Vierge Marie,
a souffert sous Ponce Pilate, a été crucifié, est mort et a été enseveli,
est descendu aux enfers, le troisième jour est ressuscité des morts,
est monté aux cieux, est assis à la droite de Dieu le Père tout-puissant,
d'où il viendra juger les vivants et les morts.
Je crois en l'Esprit Saint, à la sainte Église catholique,
à la communion des saints, à la rémission des péchés,
à la résurrection de la chair, à la vie éternelle. Amen.

# *Prière universelle*

## LITURGIE EUCHARISTIQUE

# *Préparation des dons*

Tu es béni, Seigneur, Dieu de l'univers : nous avons reçu de ta bonté le pain que nous te présentons, fruit de la terre et du travail des hommes ; il deviendra pour nous le pain de la vie. ***—Béni soit Dieu, maintenant et toujours !***

*Comme cette eau se mêle au vin pour le sacrement de l'Alliance, puissions-nous être unis à la divinité de celui qui a voulu prendre notre humanité.*

Tu es béni, Seigneur, Dieu de l'univers : nous avons reçu de ta bonté le vin que nous te présentons, fruit de la vigne et du travail des hommes ; il deviendra pour nous le vin du Royaume éternel.

***—Béni soit Dieu, maintenant et toujours !***

*Le cœur humble et contrit, nous te supplions, Seigneur, accueille-nous : que notre sacrifice, en ce jour, trouve grâce devant toi, Seigneur notre Dieu. Lave-moi de mes fautes, Seigneur, et purifie-moi de mon péché.*

## *Prière sur les offrandes*

Priez, frères et sœurs : que mon sacrifice, qui est aussi le vôtre, soit agréable à Dieu le Père tout-puissant.
***— Que le Seigneur reçoive de vos mains ce sacrifice à la louange et à la gloire de son nom, pour notre bien et celui de toute l'Église.***

*Ou bien :*
Prions ensemble, au moment d'offrir le sacrifice de toute l'Église.
***— Pour la gloire de Dieu et le salut du monde.***

## *Prière eucharistique*

Le Seigneur soit avec vous.
***— Et avec votre esprit.***
Élevons notre cœur.
***— Nous le tournons vers le Seigneur.***
Rendons grâce au Seigneur notre Dieu.
***— Cela est juste et bon.***

# *Préfaces*

## 1re préface de Pâques

*Le mystère pascal*

Vraiment, il est juste et bon, pour ta gloire et notre salut, de te louer, Seigneur, en tout temps, mais plus encore de te glorifier en ces jours où le Christ, notre Pâque, a été immolé. Car il est l'Agneau véritable qui a enlevé les péchés du monde : en mourant, il a détruit notre mort ; en ressuscitant, il nous a rendu la vie. C'est pourquoi la joie pascale rayonne par tout l'univers, la terre entière exulte, les puissances d'en haut et les anges dans le ciel chantent sans fin l'hymne de ta gloire : ***Saint ! Saint ! Saint…***

## 2e préface de Pâques

*La vie nouvelle dans le Christ*

Vraiment, il est juste et bon, pour ta gloire et notre salut, de te louer, Seigneur, en tout temps, mais plus encore de te glorifier en ces jours où le Christ, notre Pâque, a été immolé. Grâce à lui se lèvent des enfants de lumière pour une vie éternelle, et les portes du royaume des Cieux s'ouvrent pour accueillir les croyants. Car sa mort nous affranchit de la mort et, dans sa résurrection, chacun de nous est déjà ressuscité. C'est pourquoi la joie pascale rayonne par tout l'univers, la terre entière exulte, les puissances d'en haut et les anges dans le ciel chantent sans fin l'hymne de ta gloire : ***Saint ! Saint ! Saint…***

## 3e préface de Pâques

*Le Christ est vivant et intercède toujours pour nous*

Vraiment, il est juste et bon, pour ta gloire et notre salut, de te louer, Seigneur, en tout temps, mais plus encore de te glorifier en ces jours où le Christ, notre Pâque, a été immolé. Il ne cesse pas de s'offrir pour nous, et demeure éternellement notre défenseur auprès de toi ; immolé, il a vaincu la mort ; mis à mort, il est vivant pour toujours. C'est pourquoi la joie pascale rayonne par tout l'univers, la terre entière exulte, les puissances d'en haut et les anges dans le ciel chantent sans fin l'hymne de ta gloire : ***Saint ! Saint ! Saint…***

## 4e préface de Pâques

*La restauration de l'univers par le mystère pascal*

Vraiment, il est juste et bon, pour ta gloire et notre salut, de te louer, Seigneur, en tout temps, mais plus encore de te glorifier en ces jours où le Christ, notre Pâque, a été immolé. Le monde ancien est détruit, la création déchue est renouvelée, et, dans le Christ, nous est rendue la vie en plénitude. C'est pourquoi la joie pascale rayonne par tout l'univers, la terre entière exulte, les puissances d'en haut et les anges dans le ciel chantent sans fin l'hymne de ta gloire : ***Saint ! Saint ! Saint…***

## 5e préface de Pâques

*Le Christ, prêtre et victime*

Vraiment, il est juste et bon, pour ta gloire et notre salut, de te louer, Seigneur, en tout temps, mais plus encore de te glorifier en ces jours où le Christ, notre Pâque, a été immolé. Par l'offrande de son corps, il mène à leur achèvement, dans la vérité de la croix, les sacrifices de l'ancienne Alliance, et quand il te remet son esprit pour notre salut, il est à lui seul le prêtre, l'autel et l'agneau du sacrifice. C'est pourquoi la joie pascale rayonne par tout l'univers, la terre entière exulte, les puissances d'en haut et les anges dans le ciel chantent sans fin l'hymne de ta gloire : ***Saint ! Saint ! Saint…***

## 1re préface de l'Ascension

*Le mystère de l'Ascension*

Vraiment, il est juste et bon, pour ta gloire et notre salut, de t'offrir notre action de grâce, toujours et en tout lieu, Seigneur, Père très saint, Dieu éternel et tout-puissant. Car le Seigneur Jésus, le Roi de gloire, vainqueur du péché et de la mort, s'élève aujourd'hui au plus haut des cieux devant les anges émerveillés, lui, le Médiateur entre Dieu et les hommes, Juge du monde et Seigneur de l'univers. Sans quitter notre condition humaine, le premier, il entre au ciel, tête de l'Église et commencement de tout ce qui existe, et il donne aux membres de son Corps l'espérance de le rejoindre un jour. C'est pourquoi la joie pascale rayonne par tout l'univers, la terre entière exulte, les puissances d'en haut et les anges dans le ciel chantent sans fin l'hymne de ta gloire : ***Saint ! Saint ! Saint…***

## 2e préface de l'Ascension

*Le mystère de l'Ascension*

Vraiment, il est juste et bon, pour ta gloire et notre salut, de t'offrir notre action de grâce, toujours et en tout lieu, Seigneur, Père très saint, Dieu éternel et tout-puissant, par le Christ, notre Seigneur. Car il s'est manifesté après sa résurrection, en apparaissant à tous ses disciples, et, devant leurs yeux, il s'éleva au ciel pour nous rendre participants de sa divinité. C'est pourquoi la joie pascale rayonne par tout l'univers, la terre entière exulte, les puissances d'en haut et les anges dans le ciel chantent sans fin l'hymne de ta gloire : ***Saint ! Saint ! Saint…***

## 2e préface de la Vierge Marie

*L'Église loue Dieu avec les paroles de Marie*

Vraiment, Père très saint, il est juste et bon, pour ta gloire et notre salut, de te proclamer admirable dans le triomphe de tous les saints, et, plus encore, de dire la grandeur de ta bonté pour fêter la bienheureuse Vierge Marie, en reprenant son cantique d'action de grâce. Oui, tu as fait des merveilles pour la terre entière et tu as étendu ta miséricorde à tous les âges, en choisissant ton humble servante pour donner au monde le Sauveur, ton Fils, le

Seigneur Jésus Christ. Par lui, les anges adorent ta majesté et se réjouissent en ta présence à jamais. À leur hymne de louange, laisse-nous joindre nos voix pour chanter et proclamer: ***Saint! Saint! Saint…***

## *Préface de saint Joseph*

*La mission de saint Joseph*

Vraiment, il est juste et bon, pour ta gloire et notre salut, de t'offrir notre action de grâce, toujours et en tout lieu, Seigneur, Père très saint, Dieu éternel et tout-puissant. En fêtant saint Joseph, c'est à toi que nous devons rendre hommage, toi que nous exaltons et que nous bénissons. Car il fut l'homme juste que tu donnas comme époux à la Vierge Marie, la Mère de Dieu; il fut le serviteur fidèle et prudent à qui tu confias la sainte Famille; il veilla comme un père sur ton Fils unique conçu par la puissance du Saint-Esprit, Jésus Christ, notre Seigneur. Par lui, les anges célèbrent ta grandeur, et les esprits bienheureux adorent ta gloire; par lui s'inclinent devant toi les puissances d'en haut, et tressaillent d'une même allégresse les innombrables créatures des cieux. À leur hymne de louange, laisse-nous joindre nos voix pour chanter et proclamer :

***Saint! Saint! Saint…***

## *1re préface des Apôtres*

*Les Apôtres, pasteurs du peuple de Dieu*

Vraiment, il est juste et bon, pour ta gloire et notre salut, de t'offrir notre action de grâce, toujours et en tout lieu, Seigneur, Père très saint, Dieu éternel et tout-puissant. Tu n'abandonnes pas ton troupeau, Pasteur éternel, mais tu le gardes par les bienheureux Apôtres sous ta constante protection, pour qu'il soit dirigé par ceux-là mêmes que tu as établis à sa tête comme pasteurs au nom de ton Fils. C'est pourquoi, avec les anges et les archanges, avec les puissances d'en haut et tous les esprits bienheureux, nous chantons l'hymne de ta gloire et sans fin nous proclamons :

***Saint ! Saint ! Saint...***

## *1re préface des saints*

*La gloire des saints*

Vraiment, il est juste et bon, pour ta gloire et notre salut, de t'offrir notre action de grâce, toujours et en tout lieu, Seigneur, Père très saint, Dieu éternel et tout-puissant. Car tu es glorifié dans l'assemblée des saints : lorsque tu couronnes leurs mérites, tu couronnes tes propres dons. Dans leur vie, tu nous procures un modèle, dans la communion avec eux, une famille, et dans leur intercession, un appui ; afin que, soutenus par de si nombreux témoins, nous courions jusqu'au bout l'épreuve qui nous est proposée et recevions avec eux l'impérissable couronne de gloire, par le Christ, notre Seigneur. C'est pourquoi, avec les anges et les archanges, avec la foule immense des saints, nous chantons l'hymne de ta gloire et sans fin nous proclamons :

***Saint ! Saint ! Saint, le Seigneur,***
***Dieu de l'univers !***
***Le ciel et la terre sont remplis de ta gloire.***
***Hosanna au plus haut des cieux.***
***Béni soit celui qui vient***
***au nom du Seigneur.***
***Hosanna au plus haut des cieux.***

*Sanctus, Sanctus, Sanctus*
*Dominus Deus Sabaoth.*
*Pleni sunt cœli et terra gloria tua.*
*Hosanna in excelsis.*
*Benedictus qui venit in nomine*
*Domini. Hosanna in excelsis.*

• *Prière eucharistique **1***
« Toi, Père très aimant... » ........ *p. 232*
• *Prière eucharistique **2***
« Toi qui es vraiment saint... » ........ *p. 236*
• *Prière eucharistique **3***
« Tu es vraiment saint... » ........ *p. 239*
• *Prière eucharistique **4***
« Père très saint... » ........ *p. 243*

# Prière eucharistique nº 1

(Préfaces : p. 227)

Toi, Père très aimant, nous te prions et te supplions par Jésus Christ, ton Fils, notre Seigneur, d'accepter et de bénir ✠ ces dons, ces offrandes, sacrifice pur et saint, que nous te présentons avant tout pour ta sainte Église catholique : accorde-lui la paix et protège-la, daigne la rassembler dans l'unité et la gouverner par toute la terre ; nous les présentons en union avec ton serviteur notre pape N., notre évêque N., et tous ceux qui gardent fidèlement la foi catholique reçue des Apôtres.

Souviens-toi, Seigneur, de tes serviteurs et de tes servantes (de N. et de N.), et de tous ceux qui sont ici réunis, dont tu connais la foi et l'attachement. Nous t'offrons pour eux, ou ils t'offrent pour eux-mêmes et tous les leurs ce sacrifice de louange, pour leur propre rédemption, pour la paix, et le salut qu'ils espèrent ; ils te rendent cet hommage, à toi, Dieu éternel, vivant et vrai.

*(1)* **En semaine :**

• Unis dans une même communion, vénérant d'abord la mémoire de la bienheureuse Marie toujours vierge, Mère de notre Dieu et Seigneur, Jésus Christ, •••

*(2)* **Le dimanche :**

• Unis dans une même communion, nous célébrons le jour où le Christ est ressuscité d'entre les morts ; et vénérant d'abord la mémoire de la bienheureuse Marie toujours vierge, Mère de notre Dieu et Seigneur, Jésus Christ, •••

*(3)* **À l'Ascension du Seigneur :**

• Unis dans une même communion, nous célébrons le jour très saint où notre Seigneur, ton Fils unique, ayant pris notre nature avec sa faiblesse, la

## Prière eucharistique n° 1

fit entrer dans ta gloire, à ta droite ; et vénérant d'abord la mémoire de la bienheureuse Marie toujours Vierge, Mère de notre Dieu et Seigneur, Jésus Christ, •••

••• et celle de saint Joseph, son époux, des bienheureux Apôtres et martyrs Pierre et Paul, André, [Jacques et Jean, Thomas, Jacques et Philippe, Barthélemy et Matthieu, Simon et Jude, Lin, Clet, Clément, Sixte, Corneille et Cyprien, Laurent, Chrysogone, Jean et Paul, Côme et Damien,] et de tous les saints, nous t'en supplions : accorde-nous, par leur prière et leurs mérites, d'être toujours et partout, forts de ton secours et de ta protection. [Par le Christ, notre Seigneur. Amen.]

Voici donc l'offrande que nous présentons devant toi, nous, tes serviteurs, et ta famille entière : Seigneur, dans ta bienveillance, accepte-la. Assure toi-même la paix de notre vie, arrache-nous à la damnation éternelle et veuille nous admettre au nombre de tes élus. [Par le Christ, notre Seigneur. Amen.]

Seigneur Dieu, nous t'en prions, daigne bénir et accueillir cette offrande, accepte-la pleinement, rends-la parfaite et digne de toi : qu'elle devienne pour nous le corps et le sang de ton Fils bien-aimé, Jésus, le Christ, notre Seigneur.

La veille de sa passion, il prit le pain dans ses mains très saintes et, les yeux levés au ciel, vers toi, Dieu, son Père tout-puissant, en te rendant grâce il dit la bénédiction, il rompit le pain, et le donna à ses disciples, en disant
**« Prenez, et mangez-en tous :** ceci est mon corps livré pour vous. »
De même, après le repas, il prit cette coupe incomparable dans ses mains

très saintes ; et, te rendant grâce à nouveau, il dit la bénédiction, et donna la coupe à ses disciples, en disant :
« Prenez, et buvez-en tous, car ceci est la coupe de mon sang, le sang de l'Alliance nouvelle et éternelle, qui sera versé pour vous et pour la multitude en rémission des péchés. Vous ferez cela en mémoire de moi. »

(1) Il est grand, le mystère de la foi :
***— Nous annonçons ta mort,***
***Seigneur Jésus,***
***nous proclamons ta résurrection,***
***nous attendons ta venue dans la gloire.***

(2) Acclamons le mystère de la foi :
***— Quand nous mangeons ce pain et buvons à cette coupe, nous annonçons ta mort, Seigneur ressuscité,***
***et nous attendons que tu viennes.***

(3) Qu'il soit loué, le mystère de la foi :
***— Sauveur du monde, sauve-nous !***
***Par ta croix et ta résurrection,***
***tu nous as libérés.***
*ou:* Proclamons le mystère de la foi :
***— Gloire à toi qui étais mort, gloire à toi qui es vivant, notre Sauveur et notre Dieu : viens, Seigneur Jésus !***

*Mysterium fidei.*
*(1) – Mortem tuam annuntiamus, Domine, et tuam resurrectionem confitemur, donec venias.*

*(2) – Quotiescumque manducamus panem hunc et calicem bibimus, mortem tuam annuntiamus, Domine, donec venias.*

*(3) – Salvator mundi, salva nos, qui per crucem et resurrectionem tuam liberasti nos.*

Voilà pourquoi nous, tes serviteurs, et ton peuple saint avec nous, faisant mémoire de la passion bienheureuse de ton Fils, Jésus, le Christ, notre Seigneur, de sa résurrection du séjour des morts et de sa glorieuse ascension dans le ciel, nous te présentons, Dieu de gloire et de majesté, cette offrande prélevée sur les biens que tu nous donnes, le sacrifice pur et saint, le sacrifice parfait, pain de la vie éternelle et coupe du salut. Et comme il t'a plu d'accueillir les présents de ton serviteur Abel le Juste, le sacrifice d'Abraham, notre père dans la foi, et celui que t'offrit Melkisédek, ton grand prêtre, oblation sainte et immaculée, regarde ces offrandes avec amour et, dans ta bienveillance, accepte-les. Nous t'en supplions, Dieu tout-puissant : qu'elles soient portées par les mains de ton saint Ange en présence de ta gloire, sur ton autel céleste, afin qu'en recevant ici, par notre communion à l'autel, le corps et le sang très saints de ton Fils, nous soyons comblés de la grâce et de toute bénédiction du ciel. [Par le Christ, notre Seigneur. Amen.]

Souviens-toi aussi, Seigneur, de tes serviteurs et de tes servantes (de N. et N.) qui nous ont précédés, marqués du signe de la foi, et qui dorment dans la paix. Pour eux et pour tous ceux qui reposent dans le Christ, nous implorons ta bonté, Seigneur : qu'ils demeurent dans la joie, la lumière et la paix. [Par le Christ, notre Seigneur. Amen.]

Et nous pécheurs, tes serviteurs, qui mettons notre espérance en ta miséricorde inépuisable, admets-nous dans la communauté des saints Apôtres et martyrs, avec Jean Baptiste, Étienne, Matthias et Barnabé, [Ignace, Alexandre, Marcellin et Pierre, Félicité et Perpétue, Agathe, Lucie, Agnès, Cécile, Anastasie,] et tous les saints ; nous t'en prions, accueille-nous dans leur compagnie, sans nous juger sur le mérite mais en accordant largement ton pardon. Par le Christ, notre Seigneur. Par lui, tu ne cesses de créer tous ces biens, tu les sanctifies, leur donnes la vie, les bénis, et nous en fais le don.

Par lui, avec lui et en lui, à toi, Dieu le Père tout-puissant, dans l'unité du Saint-Esprit, tout honneur et toute gloire, pour les siècles des siècles.
***— Amen.***

*Vient ensuite le rite de la communion, p. 246.*

## Prière eucharistique n° 2

*(On peut aussi choisir une autre préface.)*

Vraiment, Père très saint, il est juste et bon, pour ta gloire et notre salut, de t'offrir notre action de grâce, toujours et en tout lieu, par ton Fils bien-aimé, Jésus, le Christ : il est ta parole par qui tu as créé toutes choses ; c'est lui que tu nous as envoyé comme Rédempteur et Sauveur, Dieu fait homme, conçu de l'Esprit Saint, né de la Vierge Marie. Pour accomplir jusqu'au bout ta volonté et rassembler un peuple saint qui t'appartienne, il étendit les mains à l'heure de sa passion, afin de briser la mort, et de manifester la résurrection. C'est pourquoi, avec les anges et tous les saints, nous chantons ta gloire, et d'une seule voix nous proclamons :

***Saint ! Saint ! Saint, le Seigneur,***
***Dieu de l'univers !***
***Le ciel et la terre sont remplis de ta gloire.***
***Hosanna au plus haut des cieux.***
***Béni soit celui qui vient***
***au nom du Seigneur.***
***Hosanna au plus haut des cieux.***

*(Voir p. 231 pour la version latine.)*

*(1)* **En semaine :**

• Toi qui es vraiment saint, toi qui es la source de toute sainteté, Seigneur, nous te prions : •••

## Prière eucharistique nº 2

*(2)* **Le dimanche :**
• Toi qui es vraiment saint, toi qui es la source de toute sainteté, Dieu notre Père, nous voici rassemblés devant toi, et, dans la communion de toute l'Église, nous célébrons le jour où le Christ est ressuscité d'entre les morts. Par lui que tu as élevé à ta droite, nous te prions : •••

*(3)* **À l'Ascension du Seigneur :**
• Toi qui es vraiment saint, toi qui es la source de toute sainteté, Dieu notre Père, nous voici rassemblés devant toi, et, dans la communion de toute l'Église, nous célébrons le jour très saint où notre Seigneur, ton Fils unique, ayant pris notre nature avec sa faiblesse, la fit entrer dans la gloire, près de toi. Par lui, qui siège désormais à ta droite, nous te prions : •••

••• Sanctifie ces offrandes en répandant sur elles ton Esprit ; qu'elles deviennent pour nous le corps et ✢ le sang de Jésus, le Christ, notre Seigneur.

Au moment d'être livré et d'entrer librement dans sa passion, il prit le pain, il rendit grâce, il le rompit et le donna à ses disciples, en disant :
« **Prenez, et mangez-en tous** : ceci est mon corps livré pour vous. »
De même, après le repas, il prit la coupe ; de nouveau il rendit grâce, et la donna à ses disciples, en disant :
« **Prenez, et buvez-en tous**, car ceci est la coupe de mon sang, le sang de l'Alliance nouvelle et éternelle, qui sera versé pour vous et pour la multitude en rémission des péchés. Vous ferez cela en mémoire de moi. »

*(1)* Il est grand, le mystère de la foi :
***— Nous annonçons ta mort, Seigneur Jésus, nous proclamons ta résurrection, nous attendons ta venue dans la gloire.***

## *Prière eucharistique n° 2*

*(2)* Acclamons le mystère de la foi :
***— Quand nous mangeons ce pain et buvons à cette coupe, nous annonçons ta mort, Seigneur ressuscité, et nous attendons que tu viennes.***

*(3)* Qu'il soit loué, le mystère de la foi :
***— Sauveur du monde, sauve-nous ! Par ta croix et ta résurrection, tu nous as libérés.***
*ou :* Proclamons le mystère de la foi :
***— Gloire à toi qui étais mort, gloire à toi qui es vivant, notre Sauveur et notre Dieu : viens, Seigneur Jésus !***
*(Voir p. 234 pour la version latine.)*

En faisant ainsi mémoire de la mort et de la résurrection de ton Fils, nous t'offrons, Seigneur, le pain de la vie et la coupe du salut, et nous te rendons grâce, car tu nous as estimés dignes de nous tenir devant toi pour te servir. Humblement, nous te demandons qu'en ayant part au corps et au sang du Christ, nous soyons rassemblés par l'Esprit Saint en un seul corps.

Souviens-toi, Seigneur, de ton Église répandue à travers le monde : fais-la grandir dans ta charité en union avec notre pape N., notre évêque N., et tous les évêques, les prêtres et les diacres.

Souviens-toi aussi de nos frères et sœurs qui se sont endormis dans l'espérance de la résurrection, et souviens-toi, dans ta miséricorde, de tous les défunts : accueille-les dans la lumière de ton visage.

Sur nous tous enfin, nous implorons ta bonté : permets qu'avec la Vierge Marie, la bienheureuse Mère de Dieu, avec saint Joseph, son époux, les Apôtres et tous les saints qui ont fait ta joie au long des âges, nous ayons part à la vie éternelle et que nous chantions ta louange et ta gloire, par ton Fils Jésus, le Christ.

Par lui, avec lui et en lui, à toi, Dieu le Père tout-puissant, dans l'unité du Saint-Esprit, tout honneur et toute gloire, pour les siècles des siècles.

***—Amen.***

*Vient ensuite le rite de la communion,* *p. 246.*

## Prière eucharistique n° 3

*(Préfaces : p. 227)*

Tu es vraiment saint, Dieu de l'univers, et il est juste que toute la création proclame ta louange, car c'est toi qui donnes la vie, c'est toi qui sanctifies toutes choses, par ton Fils, Jésus Christ, notre Seigneur, avec la puissance de l'Esprit Saint ; et tu ne cesses de rassembler ton peuple, afin que, du levant au couchant du soleil, une offrande pure soit présentée à ton nom.

*(1)* **En semaine :**

• C'est pourquoi nous te supplions, Seigneur, de consacrer toi-même les offrandes que nous apportons : •••

*(2)* **Le dimanche :**

• C'est pourquoi nous voici rassemblés devant toi, Dieu notre Père, et, dans la communion de toute l'Église, nous célébrons le jour où le Christ est ressuscité d'entre les morts. Par lui, que tu as élevé à ta droite, nous te supplions de consacrer toi-même les offrandes que nous apportons : •••

*(3)* **À l'Ascension du Seigneur :**

• C'est pourquoi nous voici rassemblés devant toi, Dieu notre Père, et, dans la communion de toute l'Église, nous célébrons le jour très saint où notre Seigneur, ton Fils unique, ayant pris notre nature avec sa faiblesse la fit entrer dans la gloire, près de toi. Par lui, qui siège désormais à ta droite, nous te supplions de consacrer toi-même les offrandes que nous apportons : •••

••• Sanctifie-les par ton Esprit pour qu'elles deviennent le corps ✛ et le sang de ton Fils, Jésus Christ, notre Seigneur, qui nous a dit de célébrer ce mystère.

La nuit même où il fut livré, il prit le pain, en te rendant grâce il dit la bénédiction, il rompit le pain, et le donna à ses disciples, en disant : « **Prenez, et mangez-en tous** : ceci est mon corps livré pour vous. »
De même, après le repas, il prit la coupe ; en te rendant grâce il dit la bénédiction, et donna la coupe à ses disciples, en disant :
« **Prenez, et buvez-en tous**, car ceci est la coupe de mon sang, le sang de l'Alliance nouvelle et éternelle, qui sera versé pour vous et pour la multitude en rémission des péchés. Vous ferez cela en mémoire de moi. »

*(1)* Il est grand, le mystère de la foi :
***– Nous annonçons ta mort, Seigneur Jésus, nous proclamons ta résurrection, nous attendons ta venue dans la gloire.***

*(2)* Acclamons le mystère de la foi :
***– Quand nous mangeons ce pain et buvons à cette coupe, nous annonçons ta mort, Seigneur ressuscité, et nous attendons que tu viennes.***

*(3)* Qu'il soit loué, le mystère de la foi :
***– Sauveur du monde, sauve-nous ! Par ta croix et ta résurrection, tu nous as libérés.***
*ou :* Proclamons le mystère de la foi :
***– Gloire à toi qui étais mort, gloire à toi qui es vivant, notre Sauveur et notre Dieu : viens, Seigneur Jésus !***
*(Voir p. 234 pour la version latine.)*

## *Prière eucharistique n° 3*

En faisant ainsi mémoire de ton Fils, de sa passion qui nous sauve, de sa glorieuse résurrection et de son ascension dans le ciel, alors que nous attendons son dernier avènement, nous t'offrons, Seigneur, en action de grâce, ce sacrifice vivant et saint. Regarde, nous t'en prions, l'oblation de ton Église, et daigne y reconnaître ton Fils qui, selon ta volonté, s'est offert en sacrifice pour nous réconcilier avec toi. Quand nous serons nourris de son corps et de son sang, et remplis de l'Esprit Saint, accorde-nous d'être un seul corps et un seul esprit dans le Christ.

Que l'Esprit Saint fasse de nous une éternelle offrande à ta gloire, pour que nous obtenions un jour l'héritage promis, avec tes élus : en premier lieu la bienheureuse Vierge Marie, Mère de Dieu, avec saint Joseph, son époux, les bienheureux Apôtres, les glorieux martyrs, (saint N.) et tous les saints, qui ne cessent d'intercéder auprès de toi et nous assurent de ton secours.

Et maintenant nous te supplions, Seigneur : par le sacrifice qui nous réconcilie avec toi, étends au monde entier le salut et la paix. Affermis ton Église, en pèlerinage sur la terre, dans la foi et la charité, en union avec ton serviteur notre pape N., et notre évêque N., l'ensemble des évêques, les prêtres, les diacres, et tout le peuple que tu as racheté. Écoute, en ta bonté, les prières de ta famille, que tu as voulu rassembler devant toi. Dans ta miséricorde, ramène à toi, Père très aimant, tous tes enfants dispersés.

Pour nos frères et sœurs défunts, et pour tous ceux qui ont quitté ce monde et trouvent grâce devant toi, nous te prions : en ta bienveillance, accueille-les dans ton Royaume, où nous espérons être comblés de ta gloire, tous ensemble et pour l'éternité, par le Christ, notre Seigneur, par qui tu donnes au monde toute grâce et tout bien.

Par lui, avec lui et en lui, à toi, Dieu le Père tout-puissant, dans l'unité du Saint-Esprit, tout honneur et toute gloire, pour les siècles des siècles.

**— *Amen.***

*Vient ensuite le rite de la communion, p. 246.*

## Prière eucharistique nº 4

Vraiment, il est bon de te rendre grâce, il est juste et bon de te glorifier, Père très saint, car tu es le seul Dieu, le Dieu vivant et vrai : toi qui es avant tous les siècles, tu demeures éternellement, lumière au-delà de toute lumière. Toi, le Dieu de bonté, la source de la vie, tu as fait le monde pour que toute créature soit comblée de tes bénédictions, et que beaucoup se réjouissent de l'éclat de ta lumière. Ainsi, la foule innombrable des anges qui te servent jour et nuit se tiennent devant toi, et, contemplant la splendeur de ta face, n'interrompent jamais leur louange. Unis à leur hymne d'allégresse, avec la création tout entière qui t'acclame par nos voix, Dieu, nous te chantons (louons) :

***Saint ! Saint ! Saint, le Seigneur,***
***Dieu de l'univers !***
***Le ciel et la terre***
***sont remplis de ta gloire.***
***Hosanna au plus haut des cieux.***
***Béni soit celui qui vient***
***au nom du Seigneur.***
***Hosanna au plus haut des cieux.***

*(Voir p. 231 pour la version latine.)*

## *Prière eucharistique n° 4*

Père très saint, nous proclamons que tu es grand et que tu as fait toutes choses avec sagesse et par amour : tu as créé l'homme à ton image et tu lui as confié l'univers, afin qu'en te servant, toi seul, son Créateur, il règne sur la création. Comme il avait perdu ton amitié par sa désobéissance, tu ne l'as pas abandonné au pouvoir de la mort. Dans ta miséricorde, tu es venu en aide à tous les hommes pour qu'ils te cherchent et puissent te trouver. Tu as multiplié les alliances avec eux, et tu les as formés, par les prophètes, dans l'espérance du salut. Tu as tellement aimé le monde, Père très saint, que tu nous as envoyé ton Fils unique, lorsque les temps furent accomplis, pour qu'il soit notre Sauveur. Dieu fait homme, conçu de l'Esprit Saint, né de la Vierge Marie, il a vécu notre condition humaine en toute chose, excepté le péché, annonçant aux pauvres la bonne nouvelle du salut ; aux captifs, la délivrance ; aux affligés, la joie. Pour accomplir le dessein de ton amour, il s'est livré lui-même à la mort, et, par sa résurrection, il a détruit la mort et renouvelé la vie. Afin que désormais notre vie ne soit plus à nous-mêmes, mais à lui qui est mort et ressuscité pour nous, il a envoyé d'auprès de toi, Père, comme premier don fait aux croyants, l'Esprit Saint qui continue son œuvre dans le monde et achève toute sanctification.

Que ce même Esprit Saint, nous t'en prions, Seigneur, sanctifie ces offrandes : qu'elles deviennent ainsi le corps ✠ et le sang de notre Seigneur Jésus, le Christ, dans la célébration de ce grand mystère, que lui-même nous a laissé en signe de l'Alliance éternelle.

Quand l'heure fut venue où tu allais le glorifier, Père très saint, comme il avait aimé les siens qui étaient dans le monde, il les aima jusqu'au bout :

pendant le repas qu'il partageait avec eux, il prit le pain, dit la bénédiction, le rompit et le donna à ses disciples, en disant :
« **Prenez, et mangez-en tous** : ceci est mon corps livré pour vous. »
De même, il prit la coupe remplie de vin, il rendit grâce, et la donna à ses disciples, en disant : « **Prenez, et buvez-en tous,** car ceci est la coupe de mon sang, le sang de l'Alliance nouvelle et éternelle, qui sera versé pour vous et pour la multitude en rémission des péchés. Vous ferez cela en mémoire de moi. »

(1) Il est grand, le mystère de la foi :
***— Nous annonçons ta mort,***
***Seigneur Jésus,***
***nous proclamons ta résurrection,***
***nous attendons ta venue dans la gloire.***

(2) Acclamons le mystère de la foi :
***— Quand nous mangeons ce pain***
***et buvons à cette coupe,***
***nous annonçons ta mort,***
***Seigneur ressuscité,***
***et nous attendons que tu viennes.***

(3) Qu'il soit loué, le mystère de la foi :
***— Sauveur du monde, sauve-nous !***
***Par ta croix et ta résurrection,***
***tu nous as libérés.***
*ou :*
Proclamons le mystère de la foi :
***— Gloire à toi qui étais mort,***
***gloire à toi qui es vivant,***
***notre Sauveur et notre Dieu :***
***viens, Seigneur Jésus !***
*(Voir p. 234 pour la version latine.)*

Voilà pourquoi, Seigneur, nous célébrons aujourd'hui le mémorial de notre rédemption : en rappelant la mort du Christ et sa descente au séjour des morts, en proclamant sa résurrection et son ascension à ta droite, en attendant sa venue dans la gloire, nous t'offrons son corps et son sang, le sacrifice qui est digne de toi et qui sauve le monde entier. Regarde, Seigneur, celui qui s'offre dans le sacrifice que toi-même as préparé pour ton Église, et, dans ta bonté, accorde à tous ceux qui vont partager ce pain et boire à cette coupe d'être rassemblés par l'Esprit Saint en un seul corps, pour qu'ils deviennent eux-mêmes dans le Christ une vivante offrande à la louange de ta gloire.

Et maintenant, Seigneur, rappelle-toi tous ceux pour qui nous offrons le sacrifice : en premier lieu, ton serviteur notre pape N., notre évêque N., et l'ensemble des évêques, les prêtres et les diacres, les fidèles qui présentent cette offrande, les membres de notre assemblée, le peuple entier qui t'appartient, et tous ceux qui te cherchent avec droiture.

Souviens-toi aussi de ceux qui sont morts dans la paix du Christ, et de tous les défunts dont toi seul connais la foi.

À nous qui sommes tes enfants, accorde, Père très bon, l'héritage de la vie éternelle auprès de la Vierge Marie, la bienheureuse Mère de Dieu, auprès de saint Joseph, son époux, des Apôtres et de tous les saints, dans ton Royaume. Nous pourrons alors, avec la création tout entière, enfin libérée de la corruption du péché et de la mort, te glorifier par le Christ, notre Seigneur, par qui tu donnes au monde toute grâce et tout bien.

Par lui, avec lui et en lui, à toi, Dieu le Père tout-puissant, dans l'unité du Saint-Esprit, tout honneur et toute gloire, pour les siècles des siècles.
***— Amen.***

*Vient ensuite le rite de la communion,* *page 246.*

## RITE DE LA COMMUNION

# *Notre Père*

*(1)* Comme nous l'avons appris du Sauveur, et selon son commandement, nous osons dire :

*(2)* Unis dans le même Esprit, nous pouvons dire avec confiance la prière que nous avons reçue du Sauveur :

Notre Père qui es aux cieux, que ton nom soit sanctifié,
que ton règne vienne, que ta volonté soit faite sur la terre comme au ciel.
Donne-nous aujourd'hui notre pain de ce jour. Pardonne-nous nos offenses,
comme nous pardonnons aussi à ceux qui nous ont offensés.
Et ne nous laisse pas entrer en tentation, mais délivre-nous du Mal.

*(3) Præceptis salutaribus moniti, et divina institutione formati, audemus dicere : Pater noster, qui es in cælis : sanctificetur nomen tuum ; adveniat regnum tuum ; fiat voluntas tua, sicut in cælo, et in terra. Panem nostrum cotidianum da nobis hodie ; et dimitte nobis debita nostra, sicut et nos dimittimus debitoribus nostris ; et ne nos inducas in tentationem ; sed libera nos a malo.*

Délivre-nous de tout mal, Seigneur, et donne la paix à notre temps : soutenus par ta miséricorde, nous serons libérés de tout péché, à l'abri de toute épreuve, nous qui attendons que se réalise cette bienheureuse espérance : l'avènement de Jésus Christ, notre Sauveur.

***— Car c'est à toi qu'appartiennent le règne,***
***la puissance et la gloire pour les siècles des siècles !***

## *Échange de la paix*

Seigneur Jésus Christ, tu as dit à tes Apôtres : « Je vous laisse la paix, je vous donne ma paix » ; ne regarde pas nos péchés mais la foi de ton Église ; pour que ta volonté s'accomplisse, donne-lui toujours cette paix, et conduis-la vers l'unité parfaite, toi qui vis et règnes pour les siècles des siècles. ***—Amen.***

Que la paix du Seigneur soit toujours avec vous. ***—Et avec votre esprit.***

Dans la charité du Christ, donnez-vous la paix.

## *Fraction du pain*

Que le corps et le sang de notre Seigneur Jésus Christ,
réunis dans cette coupe, nourrissent en nous la vie éternelle.

## *Agneau de Dieu*

Agneau de Dieu, qui enlèves les péchés du monde, prends pitié de nous. *(bis)*
Agneau de Dieu, qui enlèves les péchés du monde, donne-nous la paix.

*Agnus Dei, qui tollis peccata mundi, miserere nobis. (bis)*
*Agnus Dei, qui tollis peccata mundi, dona nobis pacem.*

## *Communion*

*(1) Seigneur Jésus Christ, Fils du Dieu vivant, selon la volonté du Père et avec la puissance du Saint-Esprit, tu as donné, par ta mort, la vie au monde ; que ton corps et ton sang très saints me délivrent de mes péchés et de tout mal ; fais que je demeure fidèle à tes commandements et que jamais je ne sois séparé de toi.*

*(2) Seigneur Jésus Christ, que cette communion à ton corps et à ton sang n'entraîne pour moi ni jugement ni condamnation ; mais que, par ta bonté, elle soutienne mon esprit et mon corps et me donne la guérison.*

Voici l'Agneau de Dieu, voici celui qui enlève les péchés du monde.
Heureux les invités au repas des noces de l'Agneau !
***— Seigneur, je ne suis pas digne de te recevoir ;***
***mais dis seulement une parole, et je serai guéri.***

## *Chant de communion* *ou antienne de la communion.*

## *Prière après la communion* *voir à la date du jour.*

## RITE DE CONCLUSION

Le Seigneur soit avec vous.
***— Et avec votre esprit.***
Que Dieu tout-puissant vous bénisse, le Père, et le Fils, + et le Saint-Esprit.
***— Amen.***

*Puis le diacre, ou le prêtre lui-même, les mains jointes, tourné vers l'assemblée, dit :*
*(1)* Allez, dans la paix du Christ.
*(2)* Allez porter l'Évangile du Seigneur.
*(3)* Allez en paix, glorifiez le Seigneur par votre vie.
*(4)* Allez en paix.
***— Nous rendons grâce à Dieu.***

# Chants pour la célébration

**Les chants en rouge** sont consultables à la page indiquée. **Les chants en noir** sont référencés avec leur cote SECLI.

| | Ouverture | Renvoi | Communion / Action de grâce | Renvoi |
|---|---|---|---|---|
| 4 mai | Il nous précède en Galilée | p. 250 | Prenez et mangez | p. 254 |
| | Il s'est levé d'entre les morts | IP10-67-5 | Signes par milliers | TK226 |
| | Exultez de joie, peuples de la terre | I508 | C'est toi, Seigneur, le pain rompu | D293 |
| 11 mai | Dieu nous a tous appelés | KD14-56-1 | Je vous ai choisis | DEV44-63 |
| | Si le Père vous appelle | p. 251 | Il est l'agneau et le pasteur | p. 254 |
| | Heureux ceux que Dieu a choisis | N23-3A | Voici le pain de droiture et de vérité | DI83-96 |
| 18 mai | À ce monde que tu fais | p. 252 | Reste avec nous, Ressuscité | I56-47 |
| | Le Christ est vivant | I214 | Que soit parfaite notre unité | p. 255 |
| | Au cœur de ce monde | EA238-1 | Aimons-nous | DEV56 |
| 25 mai | Vienne la paix | M150-1 | Tu fais ta demeure en nous | D56-49 |
| | Criez de joie, Christ est ressuscité | p. 253 | Par le souffle de ton Esprit | K157 |
| | Béni sois-tu, Seigneur Jésus, pour ton Église | KA520 | Pâque nouvelle | p. 256 |
| 29 mai | Quand il disait à ses amis | IP165-1 | Nous t'avons reconnu, Seigneur | p. 255 |
| | Le Christ aujourd'hui remonte aux cieux | JX42-05 | Avec vous, je suis avec vous | EDIT22-61 |
| | Christ est entré dans la gloire | p. 253 | Quand s'éveilleront nos cœurs | X924 |

**Suggestions pour mai 2025** proposées par Thibault Van Den Driessche, avec ChantonsenÉglise

# *Il nous précède en Galilée* (Ouverture)

*I26-38 ; T. : C. Bernard ; M. : J. Akepsimas ; ADF – Studio SM.*

*Refrain* : **Il nous précède en Galilée, Christ au milieu du monde !**
**Il nous précède en Galilée, Christ ressuscité !**

① **Dans la Galilée des pauvres et des petits,**
**nous irons porter des mots qui donnent vie :**
**« Au nom de Jésus Christ, lève-toi et marche ! »**
**« Au nom de Jésus Christ, lève-toi et marche ! »**
**Marche, marche, marche avec ton Dieu ! Sa parole est forte à jamais.**

② **Dans la Galilée des peuples sans espoir, nous ferons jaillir des sources pour la soif.**
**« Au nom de Jésus Christ, lève-toi et marche ! »** *(bis)*
**Marche, marche, marche avec ton Dieu, il est ton rocher à jamais !**

③ **Dans la Galilée des terres dévastées, nous irons planter la vigne et l'olivier.**
**« Au nom de Jésus Christ, lève-toi et marche ! »** *(bis)*
**Marche, marche, marche avec ton Dieu ! Grande est sa récolte à jamais !**

④ **Dans la Galilée des villes au cœur désert, nous allumerons des flammes pour l'hiver.**
**« Au nom de Jésus Christ, lève-toi et marche ! »** *(bis)*
**Marche, marche, marche avec ton Dieu ! Il est ta lumière à jamais !**

⑤ **Dans la Galilée des hommes divisés, nous inventerons des voies pour l'unité.**
**« Au nom de Jésus Christ, lève-toi et marche ! »** *(bis)*
**Marche, marche, marche avec ton Dieu ! Lui qui est l'amour à jamais !**

# *Si le Père vous appelle* *(Ouverture)*

*O154-1 ; T. : D. Rimaud/CNPL ; M. : J. Berthier ; Studio SM.*

① **Si le Père vous appelle à aimer comme il vous aime,**
**dans le feu de son Esprit, bienheureux êtes-vous !**
**Si le monde vous appelle à lui rendre une espérance,**
**à lui dire son salut, bienheureux êtes-vous !**
**Si l'Église vous appelle à peiner pour le Royaume,**
**aux travaux de la moisson, bienheureux êtes-vous !**

Refrain : **Tressaillez de joie ! Tressaillez de joie !**
**Car vos noms sont inscrits pour toujours dans les cieux !**
**Tressaillez de joie ! Tressaillez de joie !**
**Car vos noms sont inscrits dans le cœur de Dieu !**

② **Si le Père vous appelle à la tâche des apôtres,**
**en témoins du seul Pasteur, bienheureux êtes-vous !**
**Si le monde vous appelle à l'accueil et au partage**
**pour bâtir son unité, bienheureux êtes-vous !**
**Si l'Église vous appelle à répandre l'Évangile**
**en tout point de l'univers, bienheureux êtes-vous !**

③ **Si le Père vous appelle à quitter toute richesse**
**pour ne suivre que son Fils, bienheureux êtes-vous !**
**Si le monde vous appelle à lutter contre la haine**
**pour la quête de la paix, bienheureux êtes-vous !**
**Si l'Église vous appelle à tenir dans la prière,**
**au service des pécheurs, bienheureux êtes-vous !**

## *À ce monde que tu fais* (Ouverture)

*RT146-1 ; T. : D. Rimaud ; M. : J. Berthier ; Studio SM.*

① **À ce monde que tu fais chaque jour avec tendresse,**
**donne un cœur de chair, donne un cœur nouveau !**
**À ce monde où tu voudrais plus de joie, moins de détresse,**
**donne un cœur de chair, donne un cœur nouveau !**
**À ce monde qui renaît s'il a foi en ta promesse,**
**donne un cœur de chair, donne un cœur nouveau !**

*Refrain* : **Viennent les cieux nouveaux et la nouvelle terre que ta bonté nous donnera.**
**Viennent les cieux nouveaux et la nouvelle terre où la justice habitera !**

② **Sur les hommes qu'il t'a plu de créer à ton image,**
**envoie ton Esprit, un Esprit nouveau !**
**Sur les hommes que l'on tue pour leur peau ou leur visage,**
**envoie ton Esprit, un Esprit nouveau !**
**Sur les hommes qui n'ont plus qu'à se taire sous l'outrage,**
**envoie ton Esprit, un Esprit nouveau !**

③ **À l'Église que ton cœur engendra de sa blessure,**
**donne un cœur de chair, donne un cœur nouveau !**
**À l'Église toute en pleurs quand les frères se torturent,**
**donne un cœur de chair, donne un cœur nouveau !**
**À l'Église des pécheurs refusant sa déchirure,**
**donne un cœur de chair, donne un cœur nouveau !**

## *Criez de joie, Christ est ressuscité* (Ouverture)

*I52-51 ; T. et M. : C. Suijkerbuijk ; L'Emmanuel – Stichting Emmanuel.*

Refrain : **Criez de joie, Christ est ressuscité ! Il est vivant, comme il l'avait promis.**
**Alléluia, Christ est ressuscité ! Il nous ouvre la vie !**

① **Au milieu de notre nuit,**
**la lumière a resplendi.**
**La vie a détruit la mort,**
**Christ ressuscité !**

② **Vous les anges, louez-le,**
**exultez depuis les cieux !**
**Tous les vivants louez Dieu !**
**Christ ressuscité !**

## *Christ est entré dans la gloire* (Ouverture)

*PM46-19 ; T. : Union Sainte-Cécile ; M. : Psautier anglais ; Caecilia.*

① **Christ est entré dans la gloire, tout-puissant, Roi et Seigneur.**
**Christ est monté vers son Père, de tout mal, il est vainqueur.**
**Grâce à lui, dans son royaume, notre place est préparée.**
**Christ est entré dans la gloire, tout-puissant, Roi et Seigneur.**

② **Roi des Cieux, souverain Maître, honneur et louange à toi.**
**Présent pour nous près du Père, tu restes au milieu de nous.**
**Vers le but, tu nous entraînes, toi, pour tous le sûr chemin.**
**Roi des Cieux, souverain Maître, honneur et louange à toi.**

③ **Gloire au Christ, le Roi du monde, à lui nos voix et nos cœurs.**
**Dans la joie et l'espérance, tous vers lui levons les yeux.**
**Il nous montre son visage, il nous attend près de Dieu.**
**Gloire au Christ, le Roi du monde, à lui nos voix et nos cœurs.**

## *Prenez et mangez* (Communion)

*D52-67 ; T. et M. : Chants de l'Emmanuel (A. Broeders) ; Éd. de l'Emmanuel.*

Refrain : **Prenez et mangez, ceci est mon corps, prenez et buvez, voici mon sang !**
**Ouvrez vos cœurs ! Vous ne serez plus jamais seuls : je vous donne ma vie.**

**① Demeurez en moi, comme je demeure**
**en vous, qui demeure en mon amour,**
**celui-là portera du fruit.**
**Comme Dieu, mon Père,**
**ainsi je vous ai aimés. Gardez**
**mes paroles, vous recevrez ma joie !**

**② Je vous ai choisis pour que vous portiez**
**du fruit. Gardez mon commandement**
**et vous demeurerez en moi.**
**Comme je vous aime, aimez-vous**
**d'un seul Esprit. Je vous donne**
**ma vie : vous êtes mes amis !**

## *Il est l'agneau et le pasteur* (Communion)

*ZL22-2 ; T. : AELF/D. Rimaud ; M. : J. Berthier ; CNPL, Studio SM.*

Antienne : **Il est l'agneau et le pasteur, il est le roi, le serviteur !**

**① Le Seigneur est mon berger :**
**je ne manque de rien.**
**Sur des prés d'herbe fraîche,**
**il me fait reposer.**

**② Il me mène vers les eaux tranquilles**
**et me fait revivre ;**
**il me conduit par le juste chemin**
**pour l'honneur de son nom.**

**③ Si je traverse les ravins de la mort,**
**je ne crains aucun mal,**
**car tu es avec moi :**
**ton bâton me guide et me rassure.**

**④ Tu prépares la table pour moi**
**devant mes ennemis ;**
**tu répands le parfum sur ma tête,**
**ma coupe est débordante.**

## *Que soit parfaite notre unité* *(Communion)*

*D341-1 ; T. : D. Rimaud ; M. : J. Berthier ; CNPL/Studio SM.*

*Refrain :* **Que soit parfaite notre unité, que soit parfaite notre joie !**
**Ainsi le monde connaîtra les œuvres de Dieu.** *(bis)*

① **Comme le Père m'a envoyé,**
**à mon tour je vous envoie.**
**Je vous envoie dans le monde**
**comme des brebis**
**au milieu des loups.**

② **Comme le Père qui est vivant**
**m'a envoyé,**
**et comme je vis par le Père,**
**celui qui me mangera vivra,**
**lui aussi, par moi !**

③ **Le serviteur est comme le Maître,**
**l'envoyé, comme celui qui l'envoie :**
**on m'a persécuté,**
**vous serez persécutés ;**
**on a méprisé ma parole,**
**on méprisera la vôtre.**

## *Nous t'avons reconnu, Seigneur* *(Communion)*

*D59-24 ; T. : A. Dumont ; M. : M. Wittal, J. Rouquès ; Éd. de l'Emmanuel.*

① **Nous t'avons reconnu, Seigneur, à la fraction du pain,**
**notre cœur est tout brûlant quand nous venons jusqu'à toi.**
**Fortifie notre foi, ô Christ, en cette communion,**
**fais de nous un seul corps, uni en un seul esprit.**

② **Tu as dit : « Vous ferez cela en mémoire de moi. »**
**Pain et vin sont consacrés en signe de ton salut.**
**Ils nous donnent ta vie, ô Christ, en cette communion :**
**corps livré, sang versé pour nous sauver du péché.**

## *Pâque nouvelle* (Action de grâce)

*I26-19 ; T. refrain : Lucien Deiss ; T. versets : Bénédictines du Sacré-Cœur de Montmartre ; M. Philippe Robert ; Éd. Studio SM.*

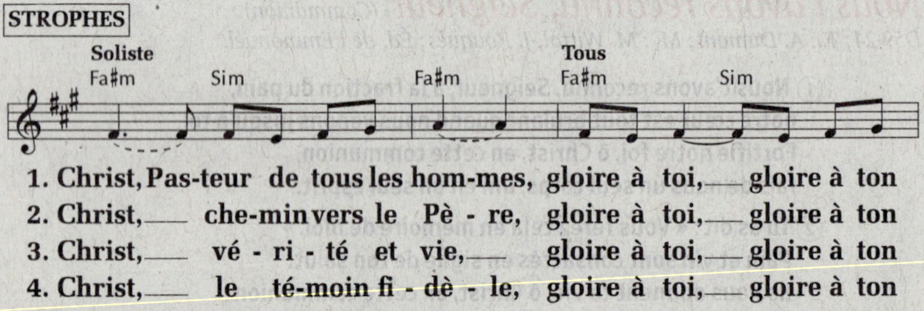

1. nom ! Christ, notre a - mour et no - tre joie,___
2. nom ! Christ,___ clar - té de tous les peu - ples,
3. nom ! Christ,___ Sau-veur de tous les hom - mes,
4. nom ! Christ,_____ notre A-gneau pas - cal,___

gloire à toi,__gloire à ton nom ! Christ,___ Sa-ges - se du
gloire à toi,__gloire à ton nom ! Christ, pain de vie___ é - ter-
gloire à toi,__gloire à ton nom ! Christ,___ ré-sur-rec-tion et
gloire à toi,__gloire à ton nom ! Christ,___vain-queur de la

1. Pè - re, gloire à toi,__gloire à ton nom !
2. nel - le, gloire à toi,__gloire à ton nom !
3. vie,___ gloire à toi,__gloire à ton nom !
4. mort,___ gloire à toi,__gloire à ton nom !

# LES RENDEZ-VOUS DE MAI 2025

## SOMMAIRE

ÉDITORIAL

# Un nouveau papier

Vous l'avez peut-être remarqué, nous avons changé le papier de la revue. D'abord, pour des raisons que nous qualifierons de « *Fratelli tutti* ». Dans cette encyclique, le pape nous invite à rendre réellement possible une fraternité intimement liée à l'amitié sociale. C'est ainsi que, tout en maîtrisant nos coûts de papier, nous optons une nouvelle fois pour le maintien de notre impression et de toute la chaîne de fabrication en France, dans le Loiret (45).

Nous pouvons évoquer ensuite des raisons « *Laudato si'* », puisque désormais, plus personne ne peut séparer le soin de l'environnement naturel et de toutes les personnes de l'attachement à Dieu. C'est pourquoi, nous avons choisi un papier avec 100 % de fibres recyclées, fabriqué près d'Épinal, dans les Vosges, réduisant ainsi notre empreinte carbone.

Une troisième raison ? À *Prions en Église,* nous sommes convaincus que la foi au Christ se vit aussi dans des engagements très concrets d'ordre économique, social et politique, quels qu'ils soient. Et que dans ce domaine, tous les efforts sont importants ! Merci de votre confiance. ■

**Karem Bustica**
*Rédactrice en chef de* Prions en Église

*« Nous sommes convaincus que la foi au Christ se vit aussi dans des engagements très concrets. »*

**Jacques Nieuviarts**, prêtre assomptionniste

# Combat d'étoiles pour Débora !

**Dans plus d'une de ses pages, la Bible laisse peser une menace sur la fragilité des étoiles, au point qu'elles pourraient même, peut-être, tomber ou s'éteindre !**

Les étoiles, comme le chantent les psaumes, sont le bien propre de Dieu. Les paroles magnifiques du livre de Job le disent aussi : « C'est lui [le Seigneur] qui déplace les montagnes, [qui] secoue la terre sur sa base. Il donne un ordre, et le soleil ne se lève pas, et sur les étoiles il appose un sceau » (Jb 9, 5-7). Le livre de Job rapporte encore cette parole du Seigneur au prophète : « Où étais-tu quand j'ai fondé la terre […] tandis que chantaient ensemble les étoiles du matin et que tous les fils de Dieu criaient d'allégresse ? » (Jb 38, 4.7).

C'est sur le fond de cette stabilité joyeuse et inébranlable que nous pouvons entendre d'autres textes bibliques plus terribles, imaginant, comme dans le livre des Juges, dans un souffle épique, il est vrai, un combat des étoiles, répondant au combat que livrent les Israélites menés par Débora contre Sissera, près du mont Tabor !

Les événements célestes se mêlent alors étrangement à ceux qui agitent la terre, comme pour venir en aide au peuple d'Israël. Il faut lire ces lignes d'une poésie qui peut déconcerter, et se reporter peut-être au récit plus long du livre des Juges, qui ne manque pas de sel. « Survinrent les rois, ils ont combattu, les rois de Canaan ont combattu, à Taanak, près des eaux de Meguiddo [...]. Du haut des cieux, les étoiles ont combattu ; depuis leurs sentiers, elles ont combattu Sissera. [...] Que périssent ainsi tous tes ennemis, Seigneur, mais que tes amis soient comme le soleil quand il s'élance dans sa force ! » (Jg 5, 19-21.31). De tels textes sont à comprendre dans la ligne de ceux, qui ne manquent pas dans la Bible, montrant comment l'orgueil des puissants est châtié. Comme ceux relatifs au « Jour du Seigneur », Jour où il se manifeste, faisant valoir ses droits et ceux de son peuple, ceux de l'Alliance et les droits de Dieu. Babel et son roi le savent (Is 13, 10 ; 14, 13), de même Pharaon (Ez 32, 7) et les nations (Jl 4, 15). N'ont-ils pas tous vu les étoiles s'obscurcir ainsi que l'ensemble des astres ? Comment mieux dire la fin de toutes choses pour les orgueilleux ? Ainsi parle la Bible. ■

*Ces textes sont à comprendre dans la ligne de ceux montrant comment l'orgueil des puissants est châtié.*

## LES SECONDS RÔLES DANS LA BIBLE

**Anne Lécu**, dominicaine

# Ornane le Jébuséen

**Ornane le Jébuséen assiste à la scène qui se déroule près de son aire à grain où Dieu retient l'ange exterminateur prêt à détruire Jérusalem.**

Il arrive à David une singulière aventure, relatée à la fois au second livre de Samuel (2 S 24) et au premier livre des Chroniques (1 Ch 21). David entreprend de dénombrer son peuple, ce qui, dans les Écritures, est un grave péché : dénombrer, c'est « mettre la main sur » le peuple, vouloir le posséder, alors qu'il appartient à Dieu. C'est par nature le geste d'un tyran, ce que d'ailleurs fera Hérode à la naissance de Jésus. Joab, le chef des armées de David, qui n'est pourtant pas un tendre, tente de l'en dissuader, sans succès. Cela déclenche la colère de Dieu, et David prend subitement conscience de sa grande faute : « C'est un grand péché que j'ai commis ! Maintenant, Seigneur, daigne passer sur la faute de ton serviteur, car je me suis vraiment conduit comme un insensé ! » (2 S 24, 10). Le prophète Gad, choisi par Dieu pour présenter à David son châtiment, lui en propose trois : une famine de 7 ans, une guerre de 3 mois, ou une peste de 3 jours. David choisit la peste. Apparaît alors une figure étrange : un ange exterminateur, figure de la peste, se retrouve prêt à exterminer Jérusalem, mais le Seigneur retient sa main alors qu'il est près de l'aire à grain d'Ornane le Jébuséen. Le voyant, David tombe à terre suppliant que la vengeance de Dieu épargne son peuple qui n'est pas coupable mais tombe sur lui seul. « Puis Dieu envoya l'ange vers Jérusalem pour l'exterminer. Mais au moment d'exterminer, le Seigneur regarda, et il renonça à ce mal. Il dit à l'ange exterminateur : "Assez ! Maintenant, retire ta main !" L'ange du Seigneur se tenait alors près de l'aire à grain d'Ornane le Jébuséen ». (1 Ch 21, 15). Le texte du premier livre des Chroniques est ...

© Gaétan Évrard

## *Première Alliance*

*« Alors Salomon commença à bâtir la Maison du Seigneur à Jérusalem, sur le mont Moriya, là où le Seigneur était apparu à David, son père, à l'emplacement que David avait préparé sur l'aire d'Ornane le Jébuséen. »* 2 Ch 3, 1

... particulièrement subtil : tant qu'il ne s'est pas converti, David confond le Seigneur et l'ange exterminateur, et nous aussi, lecteurs, lisons que le Seigneur envoie l'ange. Mais quand il s'est converti, David voit la main de Dieu arrêter l'ange exterminateur comme autrefois Abraham avait vu le Seigneur retenir sa main. Ornane, le propriétaire du champ assiste à la scène comme nous, lecteurs. Il vend son champ à David qui va y construire un autel. Or, ce lieu est tout à fait singulier. En effet, plus tard, le second livre des Chroniques raconte que c'est précisément là qu'est le mont Moriya, là où Abraham manqua de sacrifier son fils, et que c'est là aussi que Salomon construira le Temple de Jérusalem. Ornane, sidéré par la scène qu'il a vue, a pourtant accepté de vendre son champ à David. Avait-il conscience que de ce champ surgirait un Temple, comme de nos vies peut naître une maison pour Dieu ? ■

## *Nouvelle Alliance*

*« Ne le savez-vous pas ? Votre corps est un sanctuaire de l'Esprit Saint, lui qui est en vous et que vous avez reçu de Dieu; vous ne vous appartenez plus à vous-mêmes, car vous avez été achetés à grand prix.*
*Rendez donc gloire à Dieu dans votre corps. »* 1 Co 6, 19-20

## IL Y A 1700 ANS : LE CREDO

**Emmanuelle Billoteau**, ermite

# Ignace, Justin et Irénée

**Les écrits des trois Pères « pré-nicéens », Ignace d'Antioche, Justin de Naplouse et Irénée de Lyon, constituent une étape dans l'élaboration de notre foi. Leur propos nous aide à mieux percevoir les enjeux et les défis rencontrés par les chrétiens ainsi que le travail de l'Esprit qui s'est accompli en eux.**

Les épreuves auxquelles l'Église est affrontée (fin du Ier s. et au IIe s.) sont tout à la fois extérieures et intérieures. L'Empire romain imposait un culte de l'empereur et réprimait sévèrement les contrevenants ; le mode de vie des chrétiens interrogeait et leurs pratiques faisaient l'objet de rumeurs et de calomnies. Quant à l'Église elle-même, elle était traversée de multiples courants de pensée dont certains s'avérèrent incompatibles avec la foi reçue des Apôtres. Parmi eux, certains niaient la conception virginale de Jésus (ébionites issus du judéo-christianisme). D'autres récusaient la réalité de l'Incarnation du Verbe éternel et donc l'événement pascal – pour eux le corps du Christ était une illusion (docètes dont le nom vient du verbe grec…

… « paraître »). D'autres encore coupaient le christianisme de ses racines juives, opposant le Dieu créateur de l'Ancien Testament, perçu comme mauvais, vengeur, et le Dieu bon et miséricordieux du Nouveau révélé par Jésus (marcionites). Enfin les gnostiques, tenants d'un dualisme opposant la matière et l'esprit, refusaient l'Incarnation. La résurrection des corps leur était impensable. Pour eux, seule la connaissance, réservée à quelques initiés, pouvait apporter le salut. Toutes positions qui menaçaient l'identité chrétienne et réduisaient à néant la Bonne Nouvelle du salut.

## Les maillons de la foi

Dans ce contexte, Ignace, évêque d'Antioche qui mourra martyr à Rome, écrit aux Magnésiens : « Soyez pleinement convaincus de la naissance, et de la passion, et de la résurrection arrivée sous le gouvernement de Ponce Pilate. Toutes ces choses ont été véritablement et certainement accomplies par Jésus Christ notre espérance. »

Justin, philosophe né à Naplouse et converti aux alentours de 133, expose ainsi sa foi à ceux qui accusaient les chrétiens d'athéisme : « Nous adorons le créateur de cet univers […]. Nous vous montrerons aussi que nous adorons justement celui qui nous a enseigné ces choses et qui a été engendré pour cela, Jésus Christ qui fut crucifié sous Ponce Pilate gouverneur de Judée […] en qui nous voyons le Fils du vrai Dieu et que nous mettons au second rang, et, en troisième lieu, l'Esprit prophétique » (I Apologie XIII).

Irénée originaire de Smyrne, devenu évêque de Lyon en 178,

expose ce qu'il appelle une « règle de foi ». Dans la *Prédication des Apôtres,* il la formule ainsi : « Voici la règle de notre foi, la base de l'édifice, le fondement de notre conduite : Dieu le Père, incréé, insaisissable, Dieu unique, créateur de tout : c'est le premier article de notre foi. Quant au second, le voici : C'est le Verbe de Dieu, le Fils de Dieu, Jésus Christ, notre Seigneur, qui est apparu aux prophètes en la forme décrite dans leurs oracles et selon l'économie du Père (son dessein de salut). Par lui tout a été fait. À la fin des temps, pour récapituler et contenir toutes choses, il s'est fait homme, né des hommes, il s'est rendu visible et palpable, afin de détruire la mort et de manifester la vie et rétablir l'union entre Dieu et l'homme. Quant au troisième article, c'est le Saint-Esprit, par qui les prophètes ont prophétisé, les pères ont appris les choses divines, les justes ont été guidés dans la voie de la justice ; c'est lui qui, dans les derniers temps, a été répandu d'une manière nouvelle sur l'humanité, pour ramener à Dieu l'homme renouvelé sur toute la terre. » Ignace, Justin, Irénée, ont été des maillons dans la formulation de notre foi. Leur engagement, leur réflexion, leur capacité à mettre à profit les remises en question nous invitent à ne pas laisser en friche ce que nous avons reçu, mais bien plutôt à le cultiver par l'étude, la prière, le témoignage. ■

> *« Il s'est fait homme, né des hommes, afin de détruire la mort et de manifester la vie et rétablir l'union entre Dieu et l'homme. »*

**Sylvaine Lacout**, théologienne,
laïque consacrée de la communauté des Béatitudes

# Mémorial de la création, mémorial du salut

**Le jubilé renvoie à l'œuvre de création mais aussi au temps de la sortie d'Égypte et de la libération d'Israël.**

Dans la Bible, pendant le jubilé, par l'arrêt des activités agricoles, la terre retrouve sa situation des origines, lorsqu'elle n'était pas encore travaillée par l'homme. Par elle, le don de Dieu se manifeste : « La terre donnera son fruit, vous mangerez à satiété » (Lv 25, 19). Toutes les créatures, hommes et bêtes, bénéficient de ce don gratuit, ceci dans une totale égalité.

Le jubilé renvoie à l'œuvre de création. D'après le livre de la Genèse, Dieu demande à la terre de produire des végétaux; créée avant l'homme, elle produit d'elle-même des plantes : « Dieu dit : "Que la terre se verdisse de verdure, d'herbe qui rend féconde sa semence, d'arbres fruitiers qui, selon leur espèce, portent sur terre des fruits ayant en eux-mêmes leur semence". Il en fut ainsi. La terre fit sortir de la verdure, de l'herbe qui rend féconde sa semence selon son espèce, des arbres qui portent des fruits ayant en eux-mêmes leur semence selon leur espèce. Dieu vit que cela était bon. Il y eut un soir, il y eut un matin : troisième jour » (cf. Gn 1, 11-13). Ces plantes qui sont produites le troisième jour sont données par Dieu en nourriture aux hommes et aux animaux le sixième jour : « Dieu dit : “Voici, je vous donne toute herbe qui porte sa semence sur toute la surface de la terre et tout arbre dont le fruit porte sa semence; ce sera pour vous nourriture. Et à tout animal de la terre, à tout oiseau du ciel, à tout ce qui remue sur la terre et qui a souffle de vie, je donne pour nourriture toute herbe mûrissante.” Il en fut ainsi. Dieu vit tout ce qu'il avait fait. Voilà, c'était très bon. Il y eut un soir, il y eut un matin : sixième jour » (cf. Gn 1, 28-31). Le vocabulaire du chapitre 25 du Lévitique à propos du jubilé évoque celui du premier récit de la création, il est bien question de la terre, de semence, de l'animal, de nourriture. Le jubilé est un temps d'action de grâces face à l'œuvre de création et aux dons de Dieu.

*Le jubilé est ce temps où nous sommes appelés à sortir de toute forme d'esclavage.*

Le jubilé renvoie aussi au temps béni de la sortie d'Égypte et de la libération d'Israël : « Car les enfants d'Israël sont pour moi des serviteurs, ils sont mes serviteurs ceux que j'ai fait sortir d'Égypte; je suis le Seigneur votre Dieu » (cf. Lv 25, 55). Si Dieu a fait sortir son peuple d'Égypte, c'est pour être son Dieu, son Sauveur. Le jubilé renvoie à l'œuvre de libération dont l'installation sur la terre est un signe fort. Sortie d'Égypte, installation sur la terre sont à voir comme la continuation de l'œuvre de création. Le jubilé est ce temps où nous sommes appelés comme les Israélites « à sortir à nouveau d'Égypte », c'est-à-dire de toute forme d'esclavage, pour nous remettre sous l'autorité de Dieu. ■

## TÉMOIGNAGE DE LECTEUR

Propos recueillis par **Anne-Quitterie Jozeau**, journaliste

# Aux couleurs liturgiques

**Très investie dans sa paroisse de Saint-Denis de la Réunion (974), Monique Albert nous explique comment « Prions en Église » est devenu un habit, qu'elle « porte » toujours sur elle.**

« Normalement, je suis une femme très discrète. J'essaie de ne pas me mettre en avant, dans ma paroisse de Saint-Denis, à l'île de la Réunion. Quand je laisse une intention de prière à la messe, celle-ci est toujours anonyme. Ce que je peux vous dire sur ma vie, c'est qu'elle est bien remplie. J'ai beau avoir 79 ans, j'ai un emploi du temps précis et souvent bien chargé. Tous les matins de la semaine, je me rends à la messe à 7 heures. C'est parfois difficile de me lever, mais mon fils prie pour ça. J'ai la chance de faire partie de la chorale : chaque jour, nous avons la messe chantée. À la Réunion, c'est toujours comme ça, c'est magnifique ! Chanter, on dit souvent que c'est prier deux fois. Le chant et la musique m'aident à prier : je peux suivre le mouvement des chants durant la messe. Puis je distribue la communion aux côtés du prêtre. J'arrive avant le début de la messe pour lire des signets de prières

© Sandrine Martin

que j'ai rassemblés dans un petit livret que j'emporte toujours avec moi. Sur ces signets, se trouvent des invocations de saints, comme saint Joseph ou sainte Thérèse de Lisieux, mais aussi du Sacré-Cœur de Jésus, ou encore Notre Dame sous diverses formes. J'ai aussi une prière des chorales que je lis fréquemment. Je prie aussi pour les âmes du purgatoire. À côté de ces lectures priantes, je prie aussi avec la revue *Prions en Église* à laquelle je suis abonnée depuis très longtemps. Je suis les lectures durant la messe. Je lis avec attention les commentaires et aussi les articles. Surtout, je m'en sers pour une raison particulière. Avant de me coucher, je me rends à la dernière page et relève la couleur liturgique du lendemain. Ainsi, je m'habille en fonction. On me voit souvent en vert ou en violet ! *(rires)* Je dois dire que la revue est presque devenue un vêtement, puisque celle-ci ne me quitte jamais. » ■

QUESTION DU MOIS

# Pour quelle vocation prions-nous le dimanche des vocations?

Prier pour l'un n'exclut pas de prier pour l'autre, chaque vocation est unique. En priant pour les vocations de tous les baptisés, c'est-à-dire pour que notre liberté soit éclairée et vivifiée par l'Esprit Saint, nous entretenons le terreau favorable à ce que tous discernent leur chemin personnel de sainteté et à ce que certains découvrent ou approfondissent en eux l'appel au mariage ou à une consécration particulière : religieuse ou sacerdotale. Dans le même mouvement, il est nécessaire de prier spécifiquement pour ces appels particuliers parce qu'ils sont au service de toutes les vocations. La Journée mondiale de prière pour les vocations est une des occasions qui nous est donnée pour le faire.

Lorsque le pape Paul VI a institué en 1964 une Journée mondiale de prière pour les vocations (sur la suggestion de la France, qui fut la première à créer un Service national des vocations en 1959), il a particulièrement insisté sur les vocations de prêtres et de religieuses et religieux consacrés pour nourrir l'Église de la vie eucharistique et d'un désir de perfection évangélique. ■

**Rémy Pignal,**
*Délégué national pour les vocations*

## PÈLERINAGE EN TURQUIE

# Anniversaire du concile de Nicée

© AdobeStock

Basilique engloutie, Iznik, Turquie.

2025 est l'année du 1700e anniversaire du premier concile œcuménique. Cet événement décisif dans l'histoire du christianisme fut convoqué à Nicée (aujourd'hui Iznik en Turquie) par l'empereur Constantin converti au christianisme. Ce pèlerinage accompagné par le père Thomas Messan Aholou, résidant en Turquie, est l'occasion de découvrir la Turquie chrétienne en suivant saint Paul et saint Jean, les Pères de l'Église et de s'interroger sur la signification de Nicée pour la foi aujourd'hui. De la Cappadoce, en passant par Éphèse, jusqu'à Iznik et Istanbul.

**PRATIQUE** **Du 29 septembre au 8 octobre 2025.** Une sélection **"Prions en Église", "Le Pèlerin", "La Croix" et "Le Monde de la Bible". Renseignements et inscriptions :** 02 99 30 58 28 ou bipel.pelerinages@bipel.com

**Kevin Hervé**, volontaire avec la DCC* et assistant technique au Tchad

# Petites actions pour tous

« J'interviens au Tchad dans un projet visant à renforcer la productivité des exploitations agropastorales familiales en vue d'améliorer la sécurité alimentaire et nutritionnelle et les revenus des ménages ruraux. Avant, j'associais la solidarité à quelque chose de plutôt individuel, des gestes isolés et ponctuels. Aujourd'hui, je la relie à des actes collectifs et désintéressés où chaque petite action a du sens pour le groupe. J'ai compris que l'on gagne à équilibrer notre développement personnel avec notre rôle dans la communauté. Ici, j'ai vu aussi à quel point la religion ou la spiritualité, qu'elles soient vécues dans un cadre religieux ou plus culturel, favorisent la transmission intergénérationnelle des savoirs, ces petites leçons de vie qui construisent l'équilibre individuel et collectif. Le temps consacré à être ensemble, à partager des idées et à bâtir des liens humains authentiques crée les fondations d'une communauté unie. Voir collègues et villageois échanger leurs savoirs pour adopter des pratiques durables, malgré les difficultés, a ravivé ma foi en notre capacité à œuvrer pour le bien commun. Guidées par l'entraide et le respect, les petites actions peuvent transformer des vies et semer des graines d'espoir durable. » ■

*La Délégation catholique pour la coopération (DCC) est le service du volontariat de l'Église en France.

DCC / K. Hervé

1. Les villageois de Banda (Tchad) façonnent la terre pour créer des diguettes. 2. Avec un animateur de Chora (organisation tchadienne pour le développement). 3. Un groupe rassemblé autour des animateurs de Chora pour une double activité : sensibilisation à la prévention et gestion des conflits. 4. Un jeune enfant et sa petite sœur dans un champ d'oignons au camp Métché.

Propos recueillis par **Anne-Quitterie Jozeau**, journaliste

# Sainte-Rita de Pigalle

**La chapelle Sainte-Rita à Paris accueille du monde chaque jour. Pratiquants ou non, francophones ou non, viennent prier la sainte, fêtée le 22 mai et dont la dévotion est internationale. Récit.**

Un simple écriteau, « Chapelle Sainte-Rita », indique la place de la chapelle dans cet élégant immeuble du IXe arrondissement de Paris. Dédiée à sainte Rita, construite il y a moins de 100 ans, cette chapelle fait partie de la paroisse de la Trinité. Ici, chaque jour, plusieurs dizaines de personnes viennent se recueillir auprès de la sainte, allumer une bougie ou déposer des fleurs. Face à la chapelle qui surprend par son ambiance paisible au cœur du quartier parisien de Pigalle, une petite boutique d'objets religieux est ouverte chaque jour. Rita de Cascia, est priée dans le monde entier. Elle est invoquée pour résoudre des situations difficiles. Cette Italienne du XVe siècle a été mariée puis religieuse augustine à Cascia, en Ombrie. Une statue en bois de sainte Rita trône à l'entrée de l'édifice religieux.

## De tous les continents

À Paris, capitale touristique et animée, une grande diversité de profils se rend auprès de la statue de Rita de Cascia pour y déposer une prière. Monika, originaire de

© Paroisse de la Sainte-Trinité/DR

La chapelle Sainte-Rita, Paris (IXe).

Pologne, travaille dans le quartier. « J'ai un parcours pas évident, raconte la jeune femme. Je n'arrive pas à avoir d'enfant; comme Rita s'occupe des personnes comme moi, et qu'elle gère des cas sans espoir, je viens la voir toutes les semaines. » D'autres femmes, originaires d'Afrique, rentrent avec ferveur dans la chapelle Sainte-Rita. L'une d'entre elles, chargée de sacs plastique, se signe plusieurs fois devant la statue. Le casque enfoncé sur les oreilles, la femme reste debout un instant, devant l'effigie de Rita de Cascia, puis se rend aux pieds de la Vierge Marie. En même temps, une femme aux traits asiatiques s'installe, avachie, sur une chaise en face de la sainte italienne. Sans bruit, la main droite soutenant sa tête, elle regarde longuement la statue. « Je ne parle pas français », annonce-t-elle en sortant. Rapidement, la femme est remplacée par Patricia qui berce sa petite-fille assise dans une poussette. La grand-mère, aux origines brésiliennes, rend une visite hebdomadaire à la sainte vénérée. Elle se confie : « J'ai besoin de prier, de confier l'humanité, et •••

… mon couple qui va mal. Rita est la sainte des familles et des couples. »

## De toutes les croyances

Monika, à la mort de ses parents, a découvert ses origines juives. Depuis, elle ne se considère « pas comme religieuse, mais spirituelle » et étudie beaucoup les deux religions afin de mieux connaître et comprendre sa foi. Quant à Christian, il explique : « Je ne me sens pas légitime à vous parler, je ne suis pas très pratiquant. J'ai beaucoup de soucis en ce moment, c'est pour ça que je viens ici. » Najib, lui, est franco-marocain et vit à Meudon. Ayant grandi dans une famille musulmane, il voue une grande dévotion à Rita de Cascia. Ayant vécu des problèmes de drogue, de psychiatrie et ayant fait un passage en prison puis à la rue, il se sent aujourd'hui redevable envers la sainte italienne. « J'ai si bien remonté la pente ! Aujourd'hui si je viens, c'est vraiment de bon cœur. Elle m'a beaucoup changé, c'est vraiment grâce à elle, ce n'est pas le hasard ! » ■

## Fête de sainte Rita

Le 22 mai, l'Église fête sainte Rita, patronne des « causes désespérées ». Ce jour-là, la chapelle propose une vénération de la relique et une bénédiction des roses aux messes de 10 heures, 12 h 15 et 18 heures. Une procession de la chapelle Sainte-Rita jusqu'à l'église de la Trinité a lieu à 19 h 30. « C'est le seul moment où sainte Rita quitte sa chapelle », note avec humour le père Hervé Guilliez, aumônier du lieu.

Informations communiquées sous réserve de modifications. Renseignez-vous avant de vous rendre aux endroits indiqués.

## LE JOUR DU SEIGNEUR – FRANCE 2 (11 heures)

**4/5** Église Sainte-Marguerite, Liège (Belgique).
Prédicateur : P. Guy Balaes.

**11/5** En direct du camp de concentration de Flossenbürg (Allemagne).
Prédicateur : Pasteur Christian Krieger.

**18/5** Cathédrale Saint-Tugdual, Tréguier (22).
Prédicateur : Mgr Emmanuel Tois.

**25/5** En direct de l'établissement scolaire mariste Sainte-Marie Lyon, La Verpillière (38). Prédicateur : P. Benoît Dubigeon, franciscain.

**29/5** En direct de la maison d'Église Saint-Paul-de-la-Plaine, Saint-Denis (93).
Prédicateur : P. Denis Ledogar, assomptionniste.

## FRANCE CULTURE (10 h 05)

**4/5** Chapelle Notre-Dame de la Médaille miraculeuse, Paris (VII$^{e}$).
Prédicateur : P. Guillaume de Menthière.

**11/5** Chapelle Notre-Dame de la Médaille miraculeuse, Paris (VII$^{e}$).
Prédicateur : P. Bertrand Bousquet.

**18/5** Chapelle Notre-Dame de la Médaille miraculeuse, Paris (VII$^{e}$).
Prédicateur : P. Yves Frot.

**25/5** Chapelle Notre-Dame de la Médaille miraculeuse, Paris (VII$^{e}$).
Prédicateur : Fr. Régis Morelon, dominicain.

**29/5** Chapelle Notre-Dame de la Médaille miraculeuse, Paris (VII$^{e}$).
Prédicateur : P. Gilles Drouin.

## PODCAST

### Réécouter les mots du « Je vous salue Marie »

« Réjouis-toi », « Comblée-de-grâce », « le fruit de vos entrailles »… Quand vous êtes-vous arrêté pour la dernière fois sur chaque mot du Je vous salue Marie ? Dans cette série audio en sept épisodes, le père Sébastien Antoni nous fait redécouvrir la plus belle des prières à la Vierge. Il enracine sa méditation dans les traditions biblique et ecclésiale, invoquant aussi bien le livre de Judith que les premiers conciles de l'Église. Les mots de la prière résonnent alors de manière nouvelle, invitant les auditeurs à la communion avec tous ceux qui, par eux, ont invoqué la mère de Jésus. Chaque épisode se prolonge par une version musicale différente du Je vous salue Marie, rappelant combien elle a inspiré les artistes. Une série qui renouvelle notre prière à Marie, en ce mois qui lui est traditionnellement consacré. ■ **Frédéric Pascal**

*La prière du « Je vous salue Marie »*, une série audio en 7 épisodes (5 minutes environ), à écouter sur l'application Prions en Église.

## CD

**Loué sois-tu ! Célèbres chants de louange vol. 3**

*Bayard Musique*

Le troisième volume de la collection « Loué sois-tu ! » propose de nouveaux enregistrements des plus célèbres chants de louange. Dans cet opus de 20 chants, plusieurs sont adaptés au temps pascal : *Reste avec nous, Ressuscité ; Allez, Dieu vous envoie ; Par toute la terre*, etc. ■

**Arvo Pärt**

De profundis, Salve Regina, Da Pacem

*P. Hillier, Harmonia Mundi*

Ce coffret (4 CD) rassemble l'essentiel des œuvres vocales du compositeur estonien. Des pièces qui reposent essentiellement sur des textes de la liturgie ou des Écritures. On est saisi par cette musique dont la modernité rejoint la sobriété et la spiritualité du chant grégorien. ■

**Dominique Pierre**

## EXPOSITION

### Fous de Dymphne, étonnantes histoires d'une peinture flamande

*Dymphne et ses compagnons*
Goossen Van der Weyden

À travers huit panneaux peints, l'exposition du monastère royal de Brou retrace l'histoire fascinante de sainte Dymphne, princesse irlandaise du VIIe siècle, dont l'histoire s'apparente à celle de Peau d'Âne. À la mort de sa mère, son père inconsolable voulut l'épouser. Rejetant sa demande, Dymphne s'enfuit avec son confesseur jusqu'à Geel, vers Anvers, où son père la retrouve et la décapite. Récemment restauré, le retable du XVIe siècle réalisé par le petit-fils du célèbre peintre Rogier Van der Weyden plonge le spectateur dans l'univers foisonnant de la Renaissance flamande. ■

**Hélène Roquejoffre**

Jusqu'au 22 juin 2025 – Monastère royal de Brou, 63, bd de Brou
01000 Bourg-en-Bresse – www.monastere-de-brou.fr

## LIVRES

### Vivre de la Résurrection

*T. et H. Joachim, Éd. des Béatitudes, 195 p.*

Deuxième étape des parcours de formation Maranatha, à suivre seul ou en groupe, ce guide partage des repères et des références permettant d'expérimenter la puissance de la résurrection dans les vies. Et ainsi répondre à l'appel d'être à son tour des pèlerins d'espérance, spécialement en ce jubilé. De nombreuses références, méditations, prières, extraits de l'évangile de saint Jean notamment, balisent le parcours destiné à un large public.

### Choisir d'espérer
Traverser les épreuves avec le Christ

*B. Midon, DDB, 194 p.*

Coach en passages de transition, co-créatrice du Groupe de Fontenelle, groupe de recherche anthropologique, l'autrice évoque des passages qui transforment les vies dans une période de changements. Avec le souci que chacun se reconnaisse dans ces situations. Comme l'assure le psaume, « Devant moi tu as ouvert un passage ». Nourri de références bibliques ce chemin de vie chrétienne est inspiré par une profonde espérance.

### Le tour de la foi
en plus de 80 histoires

*N. Rousselot, Éd. jésuites, 226 p.*

Le jésuite, actuellement chapelain de l'église Saint-Ignace, Paris (VIe), invite ses lecteurs à parcourir la foi catholique à partir de courts récits nourris d'anecdotes, de citations bibliques. À l'école de Jésus, qui ne « disait rien sans paraboles », l'auteur partage des trésors accumulés au fil de ses années de pastorale, notamment auprès d'aumôneries des grandes écoles. Pour méditer sur le sens de la Bonne Nouvelle. ■

**Robert Migliorini**

# AGENDA

Informations communiquées sous réserve de modifications.

ANNIVERSAIRE

## *Le Curé d'Ars, saint depuis 100 ans*

Le 31 mai 1925, Jean-Marie Vianney était canonisé. Cent ans plus tard, le sanctuaire d'Ars (01) organise une journée de fête le samedi 31 mai. Au programme : messe à 11 heures présidée par le cardinal Christophe Pierre, démarche jubilaire, concert de l'ensemble Te Deum de Lyon, conférence, évocation de quelques témoins de la sainteté du Curé d'Ars et moment convivial. ■

Plus d'informations : www.arsnet.org/jubile-2025 ou 04 74 08 17 17

## Grand Nord-Ouest

### LISIEUX (14)

**DU VENDREDI 16 AU DIMANCHE 18**

**Week-end festif**

Pour le centenaire de la canonisation de sainte Thérèse. Début à 20 h 30 le vendredi, avec la grande procession des reliques de sainte Thérèse du carmel à la basilique suivie d'une veillée. Samedi : vénération des reliques, messe, jeu de piste pour les enfants, conférence sur la basilique, concert de Natasha St-Pier à 20 h 30. Dimanche : conférence du père Emmanuel Schwab, recteur du sanctuaire, messe, randonnée, démarche jubilaire…

02 31 48 55 00

contact@therese-de-lisieux.com

www.therese-de-lisieux.catholique.fr

### ANGERS (49)

**DU JEUDI 29 AU SAMEDI 31**

**Festival**

Le Festival des vivants, trois jours pour vivre ensemble une expérience de société mobilisée, unie et joyeuse, au tiers-lieu de l'Esvière. Au programme : des conférences, des ateliers, des temps de ressourcement, des spectacles et des animations…

festivaldesvivants@fondacio.fr

https://esviere-fondacio.fr •••

## ... Grand Nord-Est

### DIJON (21)

**MARDI 6**

**Retraite d'un jour**

« L'Église, sacrement du salut », retraite organisée par les prêtres de l'Oratoire à la Maison diocésaine, de 9 heures à 16 heures.
03 80 38 18 85 ou 06 21 55 64 18
mp.barnay@gmail.com

### REIMS (51)

**JEUDI 15**

**Rencontre**

« Culture de l'Église en dialogue avec la culture juridique – Le droit canonique face aux défis contemporains », avec Olivier Échappé, chancelier du diocèse de Créteil. De 18 heures à 20 heures, à l'ICP campus de Reims. Inscription en ligne ou par téléphone.
03 10 00 87 50
www.icp.fr/vie-du-campus/un-campus-au-coeur-de-reims

### PARAY-LE-MONIAL (71)

**DU VENDREDI 16 AU DIMANCHE 18**

**Rassemblement**

« Tu as du prix à mes yeux et je t'aime » (Is 43, 4). Jubilé des célibataires, à l'occasion des 350 ans des apparitions du Sacré-Cœur de Jésus. Pour des célibataires âgés de 30 à 50 ans. Au programme : table ronde sur le thème « S'aimer mieux pour s'aimer plus », ateliers, messe, veillée de prière et de miséricorde.
03 58 42 20 51 – sacrecoeur-paray.org

## Grand Sud-Ouest

### NÎMES (30)

**SAMEDI 10**

**Visite**

Une visite guidée décalée et originale, historique et spirituelle, artistique et humaine de l'église Saint-Paul, située en face de la Maison carrée. Pas d'inscription requise : rendez-vous sous l'orgue à 14 h 20.
www.nimes-catholique.fr

### PAU (64)

**VENDREDI 16**

**Conférence**

« Des femmes à l'écoute de Jésus », par Marie-Christine Chou, bibliste. De 20 heures à 22 heures, à l'église Saint-Paul.
05 59 02 63 14
foicult64@gmail.com
https://foietculture64.fr

## Grand Sud-Est

### MOULINS (03)

**SAMEDI 3 ET DIMANCHE 4**

**Pèlerinage de la paix**

Au sanctuaire de Souvigny sur le thème « L'espérance, chemin de paix ». Avec le samedi à 20 h 30, une veillée aux bougies à la prieurale et le dimanche quatre marches proposées le matin, procession des reliques des saints Mayeul et Odilon à midi, messe de clôture à 15 h 30.
04 70 43 60 51
souvigny-sanctuairedelapaix.com

### PLAN-D'AUPS-SAINTE-BAUME (83)

**DU JEUDI 29 MAI AU DIMANCHE 1ER JUIN**

**Colloque**

Rencontres autour de Marie Madeleine, •••

ZOOM

### LES 10 ANS DE « LAUDATO SI' »

Le 24 mai, l'Église célèbre le 10e anniversaire de l'encyclique *Laudato si'* du pape François. Cette encyclique débute ainsi : « "Loué sois-tu, mon Seigneur", chantait saint François d'Assise. Dans ce beau cantique, il nous rappelait que notre maison commune est aussi comme une sœur, avec laquelle nous partageons l'existence, et comme une mère, belle, qui nous accueille à bras ouverts […]. Cette sœur crie en raison des dégâts que nous lui causons par l'utilisation irresponsable et par l'abus des biens que Dieu a déposés en elle. Nous avons grandi en pensant que nous étions ses propriétaires et ses dominateurs, autorisés à l'exploiter. »
Depuis, des églises, des monastères, des écoles, des mouvements chrétiens se sont mobilisés pour agir. Des projets comme « Église verte » ou la plateforme d'action Laudato si' ont vu le jour proposant des outils pour agir et partageant des bonnes pratiques pour prendre soin de notre maison commune. ■ **Geneviève Pasquier**

www.egliseverte.org
https://plate-formedactionlaudatosi.org

... sur le thème « Quel sens accordons-nous à nos désirs ? » au sanctuaire de la Sainte-Baume.
04 42 04 54 84
accueil@saintebaume.org
saintebaume.org

## Île-de-France

### ENGHIEN-LES-BAINS (95)

**DIMANCHE 18**

**Concert**

*Salve Regina* de Pergolèse, *Stabat Mater* de Vivaldi, par Fabrice di Falco, contreténor. À 15 heures en l'église Saint-Joseph.
01 39 89 20 11
www.paroisse-enghien-saintgratien.com

### JAMBVILLE (78)

**JEUDI 29**

**Rassemblement diocésain**

Un temps fort du diocèse de Versailles, avec une marche pèlerinage de 5 km, la possibilité de recevoir le sacrement de réconciliation, des ateliers et une messe en plein air.
contact-ascension2025@catholique78.fr
www.jubile2025yvelines.fr

## Rome

JUBILÉ

**Du jeudi 1er au dimanche 4 :** jubilé des travailleurs

**Dimanche 4 et lundi 5 :** jubilé du monde de l'entreprise

**Samedi 10 et dimanche 11 :** jubilé des bandes musicales

**Du lundi 12 au mercredi 14 :** jubilé des Églises orientales

**Du vendredi 16 au dimanche 18 :** jubilé des confréries

**Du vendredi 30 mai au lundi 2 juin :** jubilé des familles, des grands-parents et des personnes âgées

**ENVOYEZ VOS RENDEZ-VOUS À L'AGENDA DE PRIONS EN ÉGLISE :** Merci d'envoyer les informations 3 mois avant l'événement, sans engagement de publication par la rédaction, à : *Prions en Église*, Agenda, 15, bd Gabriel Péri, CS 10042, 92245 Malakoff Cedex, ou par e-mail : *prionseneglise@groupebayard.com*

**PrionsenÉglise** 15, boulevard Gabriel Péri CS 10042
www.prionseneglise.fr 92245 Malakoff Cedex

▶ **POUR CONTACTER LE SERVICE CLIENT : 01 74 31 15 01** – service.client@groupebayard.com
(Préciser : nom + adresse postale + « concerne Prions en Église ».)

▶ **POUR VOUS ABONNER : 01 74 31 15 01** – www.librairie-bayard.com
Bayard, Prions en Église, TSA 60007, 59714 Lille Cedex 9

▶ **POUR CONTACTER LA RÉDACTION :** prionseneglise@groupebayard.com

Directeur de la publication : François Morinière. Directrice déléguée : Emmanuelle Delapierre. Rédaction : Karem Bustica (rédactrice en chef), Dominique Pierre (rédacteur en chef délégué), Pomme Mignon (rédactrice en chef adjointe visuel, directrice artistique), Frédéric Pascal (rédacteur en chef adjoint), Armelle Gabriel (assistante), Nicolas Crouzier (secrétaire général de la rédaction), Jean-Baptiste Deau, Cécile Toussaint (1ers secrétaires de rédaction), Laurent Sangpo, Pascal Redoutey (rédacteurs graphistes), Ania Biszewska (rédactrice photo), Sébastien Antoni (chef de grande rubrique), Anne-Quitterie Jozeau, Geneviève Pasquier (rédactrices). Ont participé : Michèle Clavier, Thibault Van Den Driessche. Marketing éditeur et développement : Amandine Boivin. Marketing diffusion et abonnement : Aurore Bertrand (directrice), Sandrine Dos Santos (chef de marché). Directeur des terrains catholiques : Cédric Bloquet. Voyages lecteurs : Corinne Miguel. Contrôle de gestion : Marie-Albane de Vallée. Fabrication : Grégory Cervantes. Impression : Maury SAS, Z.I. Route d'Étampes, 45330 Malesherbes. Textes liturgiques : © AELF. Chants : © Éditeurs. © Bayard et Novalis. Reproduction interdite sans autorisation. *Prions en Église* est édité par Bayard, société anonyme à Directoire et Conseil de Surveillance au capital de 16 500 000 €. Actionnaires : Augustins de l'Assomption (93,7 % du capital), SA Saint-Loup, Association Notre-Dame de Salut. Directoire : François Morinière (président et directeur de la publication), Dominique Greiner (directeur général). Président du Conseil de Surveillance : Hubert Chicou. Dépot légal à parution. CPPAP : 0425K86471 - ISSN : 0383-8285. Belgique et Luxembourg : Bayard Presse Bénélux, Da Vincilaan, 1 – 1930 Zaventem. Tél. : 0800 250 38 (de Belgique, gratuit) ou 800 29 195 (du Luxembourg). Web marché chrétien : librairie-bayard.com. Suisse : Asendia Press Edigroup SA, Chemin du Château-Bloch 10, 1219 Le Lignon. Tél. : 00 41 22 860 84 02. Mail : abobayard@edigroup.ch



***Ce numéro comporte :***
***Sur la totalité de la diffusion : encart posé "Prions en Église Junior" offre d'abonnement. Sur une partie de la diffusion : encart "Pèlerin", offre d'abonnement, encart posé Bayard Jeunesse, offre d'abonnement.***

PEFC 10-31-1282
Certifié PEFC
Ce produit est issu de forêts gérées durablement et de sources contrôlées.
pefc-france.org

IMPRIM'VERT

***Prions en Église* agit pour l'environnement**
Origine du papier : France. Taux de fibres recyclées : 100 %. Origine des fibres : papier issu de forêts gérées durablement.
Impact sur l'eau : PTOT 0,003 kg/T

FR